de

D1391786

AAN DE
GOEDE KANT
VAN 30

Van Saskia Noort verscheen eerder bij uitgeverij Anthos

Terug naar de kust
De eetclub
Nieuwe buren

Saskia Noort

AAN DE GOEDE KANT VAN 30

de Bibliotheek

Breda   Centrum

Anthos|Amsterdam

Eerste druk 2003
Achtste druk 2006

ISBN 90 414 0984 x / 978 90 414 0984 3
© 2003 Saskia Noort
Omslagontwerp Marry van Baar
Foto omslag Marie Cecile Thijs

Verspreiding voor België:
Veen Bosch & Keuning uitgevers n.v., Wommelgem

AAN DE GOEDE KANT VAN DERTIG

Aan *Idols* kan ik niet meer meedoen. Ik ben te oud. Te oud om ooit nog een Idol te worden en dat is even slikken. Wanneer is het gebeurd, wanneer ben ik de leeftijd van veelbelovend gepasseerd? Ik voel me nog zo jong en aan het begin van mijn leven, ik droom nog steeds van een zangcarrière à la Madonna, en waarom niet eigenlijk? Waarom mag Madonna wel kinderboekenschrijfster worden en ik geen Idol meer? Absurd vind ik het. Niet dat ik veel verder zou komen dan de eerste voorronde, maar toch. Het idee. Dat anderen bepalen dat je te oud bent. Terwijl ik me zo jong voel. Jonger dan ooit, eigenlijk. Wilde ik sinds mijn twaalfde altijd ouder zijn dan ik in werkelijkheid was, sinds een jaar voel ik me precies goed. Ik kijk met afgrijzen naar foto's van mijn jongere zelf, naar de plakken plamuur die ik opsmeerde, de poses die ik aannam, de krijserige kleren die ik droeg, de angstige onzekerheid die uit mijn ogen sprak en denk: waarom heb ik toen, met dat ranke lijfje en dat rimpelloze, frisse gezichtje, niet meer genoten, waarom was ik toen zo vol ernstige twijfels, vond ik mezelf zo lelijk?

Heerlijk vind ik het, nu ik de respectabele leeftijd van zesendertig heb bereikt, het baren er definitief opzit en putten en rimpels zich onverbiddelijk aandienen, eindelijk in mezelf te vertrouwen. Net nu mouwloze truitjes en minirokjes door de leeftijdpolitie verboden zijn voor vrouwen van mijn leeftijd, durf ik er ongegeneerd in te lopen. Ik dans en zing vol overgave, zonder stil te staan bij wat anderen van mij vinden, ik verberg mijn lichaam niet langer voor het bikkelharde oordeel van anderen, *this is me*, met striae op de buik. En het mooiste van dit eindelijk gevonden zelfvertrouwen is, dat mannen er bij bosjes voor vallen. Nooit eerder had ik zoveel sjans als nu, en nooit eerder durfde ik er zo frivool mee te spelen.

Dertigplus is dus de mooiste leeftijd die er is. Niet veelbelovend, want die beloftes hebben we al lang ingelost en daar worden we nu ruimschoots voor beloond met de prachtigste zelfinzichten. Laten we onszelf niet meer op de mouw spelden dat het verval is ingetreden, deze prachtige jaren niet verpesten met gezeur over rimpels, putten, slappe buiken en blubberarmen, we zijn prachtig. We hebben nog genoeg energie om te dansen tot we erbij neervallen, maar bezitten ook de wijsheid om te genieten van het moment, we zijn nog mooi genoeg om te sjansen en hebben het zelfvertrouwen om dit ongegeneerd te durven doen, we zijn nog jong genoeg om mee te kunnen doen aan iedere trend en oud genoeg om het niet zo serieus te nemen. We willen helemaal niet meer meedoen aan *Idols*, we zijn het al.

FEEST!

Ik ben dol op feestjes. Huiskamerfeestjes welteverstaan. Grootse party's met op elke hoek een champagnetoren, een haringkar of een in de bedrijfskleuren geschminkte mimespeler kunnen me gestolen worden, evenals halfbakken borrels waarop de vrouwen op tuinstoelen in de serre zitten te smoezen en de mannen met een pijpje bier in de hand bulderend rond de afzuigkap staan. Ook alle moderne varianten als house-, lounge-, drum-'n-base-feestjes en Ibiza-beach-gedoe maken mij niet blij omdat de bezoekers, doorgaans té perfect gestyled, te verveeld en te egotrippend of te gedrogeerd, het begrip 'saai' een geheel nieuwe betekenis weten te geven. Nee, geef mij maar een huisfeest, een helaas uitstervend verschijnsel, nu niemand meer zin heeft in hooggehakte, dansende dames op het Amerikaans eiken en uitgedrukte peuken in het keramisch kunstwerk. In mijn vriendenkring ben ik een van de weinigen die zich er nog jaarlijks aan waagt en dat doe ik omdat ik vind dat er al zo weinig meer te feesten valt wanneer je de verkeerde kant van de dertig hebt bereikt en dat je dus elke verjaardag moet vieren met drank en vooral muziek. We dansen bijna nooit meer en als we een keer in een café licht met de heupen wiegen worden we door zestienjarigen aangegaapt of door de lokale alcoholist in de billen geknepen. Dus ruim ik

7

mijn woonkamer één keer per jaar leeg, hang ik een discobol aan het plafond, regel ik een hobbydeejay die ik op het hart druk zijn housemuziek en Marco Borsato-cd's thuis te laten, plaats ik een tap in mijn keuken en het feest kan beginnen. Het is zoveel eenvoudiger dan het geven van een uitgebreid en doorgaans slaapverwekkend etentje, zoveel simpeler dan koffie met taart en honderd kinderen die door je huis lopen te krijsen, zoveel leuker dan een brunch, lunch, happy hour met ingewikkelde hapjes, bijzondere wijnen en gesprekken over hoe duur alles is geworden sinds de euro zijn intrede heeft gedaan.

Gewoon 'gouwe ouwe' snoeihard uit de boxen laten knallen, borrelnootjes, leverworst en blokken kaas op de kast zetten, genoeg drank in huis halen, zeer blote jurk aantrekken en je hebt een avond om nooit meer te vergeten. Die slome buurman met zijn eeuwige rode pull-over eindigt pogoënd met je vroegere, net gescheiden vriendin, de vader van het vriendinnetje van je dochter blijkt een begenadigd moonwalker, zijn vrouw wappert dolgelukkig met haar handen in de lucht en gilt dat het mannen regent en je vriendinnen eindigen in innige verstrengeling, terwijl ze tegen hun echtgenoten lallen dat ze '*nobody's wife*' zijn. Eindelijk kun je de man van een ander bespringen op James Browns 'Sexmachine', weer eens laten zien dat je al Madonna's dansjes nog beheerst, dubbelzinnige teksten uitkramen tegen die aantrekkelijke nieuwe liefde van een ex-collega. Heerlijk. We gaan gewoon tot half zes door, totdat er nog maar één persoon (doorgaans ben ik dat) zwalkend over de dansvloer meezingt met Meredith Brooks: '*I'm a bitch, I'm a mother…*' terwijl er in de hoek van de kamer een stel ruzie maakt en de rest lallend in de keuken het vat ledigt. Een geslaagd feest, dat begon om negen uur. En het fijnste van dit soort feestjes is dat ik, naarmate de avond vordert, steeds jonger word. Ik begin als keurige zesendertigjarige, met opgestoken haar, gladde kousen en perfect gestifte lippen. Rond twaalven voel ik me zesentwintig en gooi ik mijn haar los om met Anouk mee te headbangen, twee uur later ben ik weer zestien, schop mijn pumps uit en barst los in een stevige partij pogo, en ik eindig steevast als zesjarige, duwend en trekkend op de dansvloer met een hoofd als Alice Cooper. Er bestaat dus geen betere verjongingskuur dan een broeierig thuisfeest, de volgende ochtend, wanneer je als zesennegentigjarige ontwaakt, niet meegerekend.

GOEDE VOORNEMENS

Goede voornemens, waar ik me echt aan zal houden, en wel vanaf morgen:

NIET:
- Roken en drinken.
- Zeuren over feit dat ik niet mag roken en drinken.
- Eten oplekkeren met mayo en mosterd en zeker geen mayo bijbestellen in hip restaurant.
- Tafel reserveren in pas geopend hip restaurant met als gevolg uren op eten wachten en afgesnauwd worden door zichzelf zwaar overschattende serveersters.
- Meer dan twee espresso's per dag.
- Dure vitaminepillen, anticellulitiscrèmes, haarmaskers en antirimpel-ampullen kopen en ze vervolgens nooit gebruiken.
- Op zondag i.v.m. kater naar de snackbar rijden om frikadellen en kroketten te halen.
- Met de auto sigaretten halen op de hoek.
- Uitsluitend triviale lectuur lezen over dertigplus-vrouwen en hun lifestyle-problemen.
- Kijken naar reality-soaps ter bevrediging van lage sensatiezucht.

- 's Morgens vroeg *As The World Turns* kijken, e-mailen en fun-internetten terwijl ik eigenlijk moet werken.
- Rekeningen ongeopend in krantenbak gooien, stiekem laarzen kopen van opzij gezet belastinggeld, bonnetjes bewaren in oude Lego-doos.
- Zuchtend en steunend huishoudelijke taken verrichten in de hoop dat M. mij zielig vindt en ook besluit een afwaskwast ter hand te nemen.
- Ruzie maken over a. wie de afstandsbediening mag vasthouden, b. of *Sex and the City* dom vrouwengeleuter of komisch en flitsend is, c. wat M. nou zo boeit in voetbal.
- Heimelijk verlangen naar verhouding met Jan Mulder en Benicio del Toro.
- Fietsen, teakhouten tuinmeubelen en terracottapotten een winter buiten laten staan zodat ik ze vervolgens kapotgevroren en groen uitgeslagen bij het grofvuil kan zetten.
- Cd's kopen waarop slechts één goed nummer staat.
- Op feestjes alles door elkaar drinken om daarna uitsluitend nog onzin uit te kramen, met als gevolg hoofdpijn en spijt.
- Flirten met andervrouws man.
- Roddelen.
- Klagen, zeuren en doemdenken.
- Sorry zeggen, of 'Nou, nog eentje dan'.

WEL:
- Gebruikmaken van fitnessabonnement teneinde Madonnalichaam te creëren.
- Reprimandes van tandarts voorkomen door dagelijks te flossen.
- Me abonneren op groentetas van de reform en deze ook leegeten ter voorkoming van voortijdige veroudering.
- Me verplaatsen per fiets.

- Regenpak kopen om me door weer en wind te kunnen verplaatsen op fiets.
- Aangeschafte multivitaminepreparaten en antioxidanten ook daadwerkelijk slikken.
- In gezond lichaam huist gezonde geest dus: boeken van Geert Mak, Thomas Rosenboom en Harry Mulisch eindelijk gaan lezen.
- Rekeningen bij binnenkomst betalen, geld voor belasting opzijzetten, wekelijks boekhouding doen en sparen!
- Zorgtaakverdeling doordrukken voor kinderen het huis verlaten.
- Cd's sorteren en juiste schijfjes weer in juiste hoesjes stoppen. (Anouk zit nu in *25 leukste Sinterklaasliedjes*, *Hits for Kids* in *Best of Bowie*).
- Tien jaar zomervakantiefoto's inplakken, voorzien van leuke bijschriftjes.
- Kasten uitruimen en handig indelen, ter voorkoming van wekelijks terugkerende ruzie over vermiste sokken, riemen, zwembroeken, gymschoenen, handschoenen en sjaals.
- Kaartjes sturen naar jarige of anderzijds jubilerende kennissen en familieleden.
- Werken aan relatie door conflicten fatsoenlijk op te lossen en volwassen communicatie. Ook M. veel complimenten maken om hem eindelijk achter het aanrecht te krijgen.
- WATER DRINKEN! Naast elk glas wijn een glas water. Twee liter per dag!
- Uitsluitend positief uitlaten over M., werk, kinderen, familie, huishouden, kortom leven.

TRAKTEREN

'Zeg mam, je vergeet toch niet dat ik maandag moet trakteren, hè?' meldt mijn zoon terloops, als ik net tot aan mijn ellebogen onder het appeltaartdeeg zit om zijn verjaardag op te luisteren met zijn favoriete zelfgebakken appeltaart. Trakteren, shit, ook dat nog. 'Enne, je gaat het toch niet zo doen als die luie moeders hè?' vervolgt hij. Ik vraag angstig wie de luie moeders zijn en waarom zijn zij zo lui? 'Luie moeders, dat zijn moeders die nooit wat doen op school en die als traktatie alleen maar een zakje chips meegeven. Zoals de moeders van D. en M., die hebben gewoon geen zin om voor hun kinderen iets leuks te maken.'

Ik zeg dat ik een zakje chips al heel wat vind, vroeger trakteerde ik mandarijnen, dat was pas erg om mee aan te komen, maar mijn zoon kijkt me meewarig aan. 'Ik wil wel met iets leuks aankomen! Dus ook niet zo'n fruit-egel!'

Hoe raadt hij het zo, dat was precies waaraan ik zat te denken. Halve rode kool, aluminiumfolie eromheen, satéprikkers met daaraan blokjes kaas, worst, druiven en mandarijnen, in de kool prikken en klaar is kees. Ik stel een rozijnenboot voor (doosje rozijnen, spekje aan satéprikker), een snoepkeycord (dropveter met snoepsleutel) en versierde cakejes (kant-en-klare cakejes besmeren met glazuur en volstrooien met gekleurde hagelslag), maar hij richt zijn ogen ten hemel en zucht hartgrondig: 'Ik ben geen baby meer.'

De boodschap is duidelijk, ik zal mijn moederimago op moeten vijzelen, wil ik niet in het verdomhoekje der luie moeders eindigen. Ik sta al op de nominatie omdat ik ze voor het overblijven geen vers gebakken pesto-ciabatta's met gerookte kip, uitgebakken spek en tomaat meegeef, noch verjaarspartijtjes organiseer met huifkarren, springkussens, lasergames en karten, zoals alle andere ouders wel doen, volgens mijn kinderen dan, die mij regelmatig uitroepen tot saaiste, strengste en nu dus bijna luiste moeder van de school. En met de titels 'saai' en 'streng' kan ik leven, maar 'lui'…

Nee, lui, zo wil niemand tegenwoordig meer genoemd worden. Dus beloof ik mijn zoon een crea-traktatie, die ik hoogstpersoonlijk in de klas zal afgeven, met veel ballonnen en vuurwerk en ik zal niet weggaan voordat alles is vastgelegd met foto- en videocamera.

'Fijn,' zegt hij, 'En vergeet niet: er zitten 38 kinderen in de klas, van wie er drie geen suiker mogen, twee geen gluten, en vijf geen koemelkproducten. O ja, en er zijn er zes vegetarisch.' Met terugwerkende kracht snap ik mijn moeder met haar mandarijnen.

Ik stort mezelf op het internet, op zoek naar de ideale traktatie, waarmee ik een verpletterende indruk zal maken op zowel de kinderen als de onderwijzers, maar dat blijkt een onmogelijke opgave, ondanks de 3775 hits. Mijn zoon wijst alle 'traktaties die aansluiten bij een gezonde voeding met kaas, worst, rozijnen, of een appel' met braakimitaties van de hand en de Harry Potter-hoeden, uitdeeldino's en spekspinnen worden afgedaan als te kinderachtig of al te vaak gehad.

'H.'s moeder kwam ze zelf bakken in de klas. Maar iedereen vond ze vies,' antwoordt hij op mijn voorstel een grote stapel pannenkoeken te bakken. Dat is voor mij de druppel. Dreigend met de deegroller jaag ik hem de keuken uit en roep dat hij het helemaal kan bekijken met zijn traktatie, dat hij gewoon veertig mandarijnen meekrijgt en het verder maar uitzoekt. Het interesseert me geen donder of iemand mij lui vindt, en saai en streng.

Twee dagen later is het zover, zijn verjaardag wordt gevierd op school en ik sta na een nacht noeste arbeid stralend onder aan de trap te wachten met zijn traktatie: 38 cakebakjes gevuld met groene, lillende Saroma-pudding opgesierd met gezichtjes van snoep. 'Getver, wat is dat?' Verbijstering staat op zijn gezicht.

'Dit, mijn lieve jongen, zijn door jouw moeder bereide Vegetarische Verwende Etters,' antwoord ik.

ANNA

Mijn schoonmoeder is overleden. Na een kort ziekbed kroop ze er op een nacht stilletjes en onverwachts tussenuit, ons 'bedroefd maar dankbaar' achterlatend. Vierentachtig werd ze en twee maanden geleden stond ze nog fanatiek een groots vuur te stoken in haar achtertuin. Een fikse boete had ze graag over voor het opruimen van de rotzooi op de boerderij. En nu is ze weg, zomaar, en iedereen zegt dat het toch prachtig is, zo'n dood, na een lang, gezond en vruchtbaar leven. We heffen het glas op haar en eten eieren met spek, op verzoek van de kinderen, omdat we dat bij haar altijd aten. Buiten is het nat, grijs en koud, het weer waar zij zo'n hekel aan had.

Anna heette ze en ze leidde een leven dat wij niet meer kennen. Een leven waarover geen vrouwenblad ooit schrijft en dat in schril contrast staat met het getob van onze generatie. Zij stamde uit de tijd dat vrouwen onzichtbaar waren en zich geen prangende vragen hoefden te stellen als wil ik een kind of een carrière of allebei. Kinderen kwamen er gewoon. Dertien stuks, vier tweelingen, allemaal thuis geboren en zelf gevoed. Ze vertelde me dat ze tijdens elke zwangerschap misselijk was.

Soms maakte ze, tijdens de weeën, kilo's boontjes of kersen in voor de naderende winter en één keer moest ze nog voor de persweeën begonnen twee dozijn kippen slachten. Deze verhalen vertelde ze mij, terwijl ik in het kraambed bij lag te komen van mijn bevalling. Probeer dan nog maar eens te klagen. Toen mijn zoon een half jaar oud was en eens onbedaarlijk huilde bij haar thuis, kwam ze aanzetten met een stuk spekzwoerd. Dat moest ik aan een touwtje om zijn nek hangen, dan kon hij daarop sabbelen. Had bij haar baby's altijd goed gewerkt.

Sterke Anna. Voedde dertien kinderen op, zorgde voor het vee, ving met gevaar voor eigen leven en dat van haar gezin onderduikers op in de oorlog en kreeg er in de zomer nog een bleekneusje bij om vet te mesten met eieren, spek en verse melk. En dat allemaal voor de komst van Pampers, de magnetron en peuterspeelzalen.

'Zo was het nu eenmaal,' zei ze me eens en keek er weemoedig bij. Ze miste die drukke, bruisende tijd, de volle waslijnen, de grote pannen op het vuur, het kabaal van baby's, peuters, kinderen en pubers. De jaren dat ze leefde voor man, kinderen en vee waren haar gloriejaren. Het kostte haar moeite afscheid te nemen van die tijd en zich over te geven aan alles waar wij op dertigjarige leeftijd al naar verlangen: tijd voor jezelf, rust, ruimte, vrijheid, geld. Maar ook daar zeurde ze niet over.

Stoere, eigenwijze Anna. Ze meende altijd het beste de weg te weten en leidde ons regelmatig de verkeerde richting op. Ze vond mij maar een mager ding, gaf me bij elk bezoek een kwart vlaai en zag er streng op toe dat ik het stuk karton tot de laatste kruimel opat. Ondanks mijn protesten stopte ze mijn kinderen zakken vol spekkies toe, voor in de auto, hetgeen dikwijls leidde tot gekots en slaande ruzie. Wanneer ik haar probeerde te helpen en de afwasmachine verkeerd inruimde, haalde ze de vuile vaat er gewoon weer uit om het er vervolgens op haar manier weer in te zetten. En de lasagne, die ik ooit voor haar en haar man maakte, at ze niet op, want knoflook, dat at ze niet.

Mijn schoonmoeder wist donders goed wat ze wilde en hoe ze het wilde en daar bewonderde ik haar om.

Nu is ze dood. We hebben haar lichaam, dat dertien kinderen baarde, zoogde, troostte, strafte, knuffelde en liefhad, begraven op nog geen vijfhonderd meter van de boerderij waar ze dat allemaal deed. Ik zal mijn hele leven nooit meer zo'n 'powergirl' tegenkomen zoals zij.

DE EX

Op vakantie kom ik hem tegen. Aan de rand van een zwembad in Toscane. De ex-man van mijn vriendin. Twee jaar geleden gingen we gezamenlijk op vakantie en filosofeerden we nachtenlang op het dakterras over geluk. Waren we het erover eens dat we op dat dak, met uitzicht over een verlichte baai en het gerasp van krekels op de achtergrond, in gezelschap van elkaar en onze mollige peuters slapend in onze schoot, zeer gelukkig waren. Wat wilden we nog meer? Niets. Zo was het leven goed. Later bleek dat het de drank was die hem zo lyrisch maakte, want niet lang daarna verliet hij mijn vriendin en zijn dochtertje. Hij had een ander, al een tijdje, en koos voor een nieuw leven met haar. Zo gaat dat. We zagen hem nooit meer.

Hij is dikker geworden en zit naast zijn nieuwe vrouw te spelen met een baby. Tweede leg. De nieuwe vrouw lijkt op mijn vriendin. Ik verstop me achter mijn boek, heb helemaal geen zin in deze confrontatie, die onvermijdelijk is, met de man die mijn vriendin bedroog. Die maanden lang ons primaire gespreksonderwerp was. Die we tot uit den treuren hebben geprobeerd te begrijpen. Wat bezielde hem, dat hij zijn prille gezin opgaf en onmiddellijk een nieuwe vrouw bezwangerde? Ware liefde, had hij het genoemd. De nieuwe vrouw was zijn 'soulmate', alleen bij haar voelde hij zich compleet gelukkig. De heks, noemde mijn vriendin en ik haar, al kenden we haar niet. Het is me overkomen, zei hij tegen mijn lief en wij geloofden hem niet. We vroegen hem zijn hersens te gebruiken en te kiezen voor zijn gezin, te redden wat er te redden viel, maar het was te laat. Hij ging voor zijn eigen geluk, waren zijn laatste woorden, waarmee hij ook afscheid van ons nam.

De baby begint te huilen en de nieuwe vrouw grist het kind uit zijn handen. Ze snauwt iets tegen de man die ooit zó begeerlijk voor haar was, dat ze bereid was elk weekend pannenkoeken te bakken voor zijn beschadigde dochter. Hij hijst zich uit het babybad en loopt loom naar zijn ligbed. Het kind begint nog harder te krijsen en de nieuwe vrouw beent geïrriteerd richting het appartement met de baby in haar armen. Hij kijkt haar na, zijn soulmate, en schudt zijn hoofd. Elkaar begrijpen doen ze kennelijk al niet meer.

Ik lig inmiddels verstijfd op mijn handdoek, krampachtig starend naar de letters en durf me nauwelijks te bewegen. Wat moet ik tegen hem zeggen als onze blikken elkaar kruisen? Alleen maar gedag? Ga ik de man die ik ooit zo goed kende twee weken lang negeren? Zal hij me aanspreken en zitten we straks samen te borrelen alsof er nooit iets gebeurd is?

Zijn mobiel rinkelt en hij veert op. Schichtig kijkt hij in de richting van zijn appartement, staat op, mobieltje aan zijn oor, loopt naar de cipres naast mij en verstopt zich erachter. 'Ja, nee, het kan. Heel even.'

'Ik jou ook.'

'Nee, nee, ik kan het niet. Nog niet…'

'Ja, ik weet het. Geef me alsjeblieft de tijd.'

De nieuwe vrouw roept met scherpe stem zijn naam. Ik hoor hem de telefoon dichtklappen en dan ineens staat hij naast me. Hij kijkt me aan, geschrokken, hij had zich kennelijk niet gerealiseerd dat er nog iemand naast de cipres lag. Als ik hem dan ook nog eens stamelend gedag zeg en hij me herkent, vliegen de rode vlekken in zijn nek. Weer de snerpende roep van de nieuwe vrouw, die onze richting op loopt. De situatie is gênant. Hij stelt me onhandig aan haar voor en zij neemt me achterdochtig op. Dan verdwijnen ze samen het appartement in, waar de baby inmiddels heel Toscane bij elkaar gilt.

De volgende ochtend zie ik ze tot mijn grote opluchting bepakt en bezakt het terrein af rijden. Terug naar Holland, waar hij zeer gemist wordt door zijn nieuwste soulmate. Het is hem weer overkomen, de stakker.

AM I STILL HOT OR NOT?

Ik heb een etentje in Amsterdam. In hét restaurant. Soapsterren schijnen er vaak te vertoeven. Grote kans dat iedereen er dun en vooral hip is. Dus hijs ik me in mijn laagste broek, die met wijde pijpen en glimmende noppen, waarover mijn moeder steeds vraagt of hij niet een keer in de was moet. (Nee, mam, die morsige strepen zijn mode.) En mijn meest puntige puntlaarzen. Cowboylaarzen waarvoor ik de halve wereld heb afgereisd. Als ik ze draag, lijkt mijn bestaan lichter. Voel ik me stoer en lang en zelfverzekerd. Ze zijn mijn alternatief voor glazen muiltjes. De avond kan niet meer stuk.

Ik blijk iets over het hoofd te hebben gezien. Een extreem belangrijk detail. Ik had het kunnen weten. Als iemand me had gewaarschuwd.

Mijn collega's liggen al klaar. Op witte matrassen. Directeur Ruud ligt er zeer ongemakkelijk bij in zijn krijtstreep 3D. Angstvallig verstopt hij zijn voeten onder een kussentje. Ik sta aan de grond genageld. Nu moet ik ten overstaan van mijn collegae, die ik uitsluitend ken van een paar vergaderingen en telefoongesprekken, mijn dierbare laarzen uittrekken. En mijn sokken onthullen. Foute sokken. Groezelige, dikke tennissokken. Mezelf tot op het bot vernederen. Godzijdank zijn ze net gewassen, in tegenstelling tot die van Ruud.

Het valt niet mee om een comfortabele lighouding te vinden in mijn strakke broek en ieder lichaamscontact met Ruud te vermijden, laat staan om een glas wijn te drinken, op elegante wijze wat eten naar binnen te werken, m'n voeten uit het zicht te houden en een intelligente conversatie over het werk te voeren. Zeker niet als achter je inmiddels stijve rug twee mannen smakkend liggen te tongzoenen. En als het eten nou iets voorstelde…

Ik word oud. *I am losin' it. I am not hot anymore.* Was ik nog hot, dan had ik geweten dat in dit etablissement ook je sokken hip moeten zijn. Had ik me niet beklaagd over te gare tonijn en de neurotische muziek.

Terugrijdend in mijn niet bepaald hippe aftandse auto, baal ik van mezelf. Zo 'hot' als ik me op de heenweg voelde, zo 'not' voel ik me nu. Alles deed ik fout. Om te beginnen mijn kleding. Mijn met noppen beslagen broek blijkt allang in groten getale nagemaakt op de Albert Cuyp te hangen, evenals mijn bowlingtasje. Mijn lieve laarzen bleken net de foute. De punten niet puntig genoeg, de hakken te blokkerig, de schacht te wijd. En dat gehannes van me tijdens het eten. De noedels lagen overal, glibberden halverwege van mijn stokjes af, ik voelde me net een driejarige. De conversatie wist ik ook al niet naar me toe te trekken. Tussen de mobiele gesprekjes en sms'jes door, ging het vooral over wie waar afgelopen week was geweest. Het enige wat ik wist op te noemen was Vakzuid, waarop iedereen in koor braakgeluiden maakte en riep dat dat hélemaal over was. Ik zweeg verder maar over mijn favoriete uitgaansgelegenheid. In ons dorp. Waar alle vrouwen op tafel springen als 'I will survive' van Gloria Gaynor wordt gedraaid. Waar het borrelgarnituur nog bestaat uit bitterballen, blokjes kaas en vlammetjes en een broodje nog gewoon een klef kadetje is en geen ciabatta of focaccia.

Let's face it, mijn tijd is voorbij. Mijn tijd, nou, dat was me wat. Begon bij het zien van John Travolta in *Saturday Night Fever*. Ik was tien. Kind van de hippiegeneratie, doodgegooid met de Stones, Fleetwood Mac, The Eagles, Janis Joplin. De hele familie droeg spijker of corduroy en een rattenkopje (plukkerig geknipt haar, alsof de ratten eraan gevreten hebben). Ik wist niet beter of de hele wereld liep in bruine rib, droeg paarse velours pulli's en luisterde naar zingende haardossen. Tot ik Tony Manero heupwiegend door Brooklyn zag lopen. Fris gekapt, strak in het pak, geen snor of baard te bekennen, behalve dan wat borsthaar dat uit zijn getailleerde nylon overhemd krulde. Het loopje van de slaggitaar in het openingsnummer joeg mij in één klap de puberteit in. Nooit meer kregen ze mij in een spijkerovergooier, disco wilde ik zijn. Knalrode beenwarmers over een superstrakke broek, T-shirt met glimletters, lipgloss, kort leren jasje. Er ging een wereld voor me open. Een wereld vol kleur en glans en kriebels in de buik bij het horen van de castratenstemmetjes van de Bee Gees. Ik gaf mijn complete Holly Hobby-verzameling aan mijn kleine zusje en hing mijn kamer vol met *Popfoto*-posters van John Travolta.

In een tijdsbestek van vier jaar stortte ik me van de ene hype in de andere. Een tijdlang was ik rock-'n-roll en droeg ik oude petticoats en gympen met rolsokjes. Daarna belandde ik even in de hardrockhype en werden mijn Travolta-posters vervangen door afbeeldingen van Kiss. Ik ging zelfs één keer opgemaakt als Gene Simmons naar school (en werd direct weer naar huis gestuurd om 'die rommel' van mijn gezicht te halen). Toen kwamen Blondie en Iggy Pop en liep ik rond met gescheurde netkousen, kettingen en een veiligheidsspeld in mijn mondhoek (plakband om de speld), waarna ik op de middelbare school in mijn Ska-periode terechtkwam en me hulde in de zwarte smoking van mijn vader, een zwarte hoed, zwarte zonnebril en zwarte lippenstift (wat me de bijnaam droplip opleverde). Volgde nog de legerlook (camouflagebroek, Arafat-sjaal, legerparka en gemillimeterd haar), de kaklook (hockeysjaal, zachtgeel truitje, parelketting en Lady Di-lok, waarna ik weer terugkwam bij de disco-look, maar dan op de eightiesmanier: jasjes met schoudervullingen, getoupeerd haar, witte pumps, kanten panty's en minirokken. Nee, ik was niet bepaald een stabiele persoonlijkheid. Ik hopte van de punk- naar de kakscene, van de disco- naar de alto-scene, van het bruine hippiecafé naar de plaatselijke disco, dronk bier uit het flesje met de punkers, pisang ambon met de disco's, bessen met de kakkers, rookte weed met de alto's. Zodra ik ergens in een hokje werd gestopt, wilde ik alweer ontsnappen.

Dat waren de jaren tachtig. Mijn jonge jaren. De jaren waarin ik als eerste wist waar de hipsten der hippen zich bevonden en welke dresscode waar gold. Als er een nieuwe tent geopend werd, stond ik vooraan in de rij, ik kende elke band die speelde op Torhout/Werchter en wat Madonna droeg, droeg ik. Het was hard werken, en het kostte zeeën van tijd, maar er hing dan ook veel van af: wie hip was, was populair, werd uitgenodigd voor de wildste feesten, hoorde bij de meest spraakmakende scene, had de meest bijzondere vrienden en liep uiteindelijk de meest gewilde mannen tegen het lijf. Hip zijn betekende bij de voorhoede horen. Boven de grijze massa uittorenen. Jong zijn. Lef hebben.

En nu? Nu ben ik dus niet meer hip. Ik doe nog wel mijn best het allemaal bij te benen, maar het voelt niet meer zoals vroeger. Van loungen word ik depressief. Echt. Dan hang ik op zo'n bank naast een knul in Evisu-broek en denk: dit kan ik thuis ook doen. Sterker nog, dit doe ik thuis ongeveer elke avond.

Als ik uitga, wil ik wat anders. Bewegen. Dansen op muziek waarvan het ritme bekend is. Of anders een goed gesprek dat niet om de haverklap verstoord wordt door binnenkomende sms'jes. En dansen kan ik niet op MiuMiu-sandaaltjes, of in een heupbroek waarvoor ik mijn bikinilijn moet bijwerken en die bijna van mijn kont glijdt. Wie hip wil zijn, moet pijn lijden. En kou. En honger. Dat heb ik er allemaal niet meer voor over.

Waarom eigenlijk niet? Waarom was ik vroeger bereid om ijzel te trotseren op torenhoge pumps om bij de opening van een nieuw café te zijn en begin ik nu te zuchten bij het idee alleen al? Waar is mijn drive om alles te willen weten, overal bij te zijn en elke band te kennen die in Paradiso speelt, gebleven? Ben ik dan werkelijk een gezapige, cynische, oubollige tut geworden die genoeg heeft aan werk, man en kinderen? Behoor ik nu tot het establishment, de gevestigde orde, de gesettelde dertigers, de groep waar ik me ooit vol vuur tegen afzette? Dat is toch ook een schrikbeeld. Angstaanjagend genoeg om me onmiddellijk op te geven voor een cursus snowboarden en een paar lieslaarzen met enkelgespen aan te schaffen.

Als ik heel eerlijk ben, denk ik dat het anders zit. Ik heb een beetje last van een hipdip. Na vierentwintig jaar hard hollend trendhoppen, zie ik ineens de trends waar ik mijn carrière als hiphopper mee begon, weer terugkomen. Punkchique stilettolaarsjes, 'queenie' pumps, riemen met zilverbeslag, netkousen, T-shirts met tijgerprint, tweed jassen. Nee. Het houdt een keer op. De cyclus is rond, de mode uit mijn jeugd is weer in en ik laat dat lekker voor wat het is.

We beleven uitsluitend nog retro-trends. De sixties en de seventies herhaalden we in de nineties, en de eighties worden nu overgedaan in deze nieuwe eeuw. Niemand weet meer werkelijk iets nieuws te bedenken. Daarom geloof ik dat het hip zijn de langste tijd gehad heeft. Er zijn nu genoeg loungy ingerichte bars, het is in de horeca alleen maar meer van hetzelfde. Kledingtrends zijn nog niet verzonnen of ze liggen al op de Cuyp. Sushi's, wraps, focaccia's, we kunnen het bij de supermarkt kopen en voor een hip interieur kun je gewoon naar de IKEA of de Trendhopper. En anders is er altijd nog Martijn Krabbé die je huis voor RTL4 omtovert in een tempel van hipheid.

Hip zijn heeft niet meer de betekenis die het ooit had. In de jaren tachtig veranderde het hip zijn van je afzetten tegen de gevestigde orde (hippie, punk, ska) in het hijgerig achterna hollen van slim in de markt gezette hypes. House bijvoorbeeld ontstond in de undergroundcultuur, maar groeide uit tot een vorm van vermaak van juist de gevestigde orde. Straatmode, bedacht door kids die anders wilden zijn dan de rest, werd onmiddellijk opgepikt en vertaald voor de grote massa. Piercings werden jaren geleden alleen nog gedragen door depressieve grungers om de goegemeente te shockeren, nu loopt dankzij Britney Spears bijna ieder meisje vanaf dertien jaar met een navelpiercing.

Tegenwoordig wordt elke undergroundbeweging geïnfiltreerd door trendwatchers. De lifestyle van verschillende jeugdgroepen wordt gedocumenteerd en verkocht aan reclame- en marketingbureaus. De grote merken bepalen de mode, sponsoren hippe feesten door gratis Martini, Corona-bier of Absolut Vodka uit te delen. Hugo Boss en deodorantmerk Impulse organiseren zelf grote 'coole' happenings met optredens van bands als Faithless. Hip zijn betekent daarom niet langer: je afzetten tegen gevestigde orde en het conformisme, maar juist precies het omgekeerde. Hip zijn is je conformeren aan de commercie. Ofwel, de term hip in zijn oorspronkelijke betekenis van non-conformistisch en afzetten tegen conventionele maatschappelijke opvattingen, mag niet gebruikt worden voor de hedendaagse materialistische geldingsdrang.

Ben ik even blij dat ik niet meer hip ben. Want daardoor ben ik weer hipper dan ik ooit was. Een voorloper. Een *No Logo-girl*. Want ik voorspel je, over drie maanden staat het in de ELLE: 'Hip is uit!! ELLE's favoriete Not-spots! Het nieuwe interieur: trijpen kleedjes en Oisterwijks grenen weer helemaal terug! It's hip to be square!' Dan haken we gezellig met z'n allen in bij de Twee Zwaantjes en blèren we mee met Jantje Smit; komt de ouderwetse gezelligheid weer terug en mag je je schoenen gewoon aanhouden. Ik zie het al helemaal voor me: Victor en Rolf met mat in de nek en Marlies Dekkers in een ouderwetse Sloggi. Mart Visser die een bakje huzarensalade eet in een campingsmoking. Lege loungebars, waar hier en daar wat eenzame drinkers op de bank hun roes liggen uit te slapen, terwijl tout hip Amsterdam in polonaise door café Het Karrewiel loopt.

BANG

Mijn zoon is bang. Zo stoer en onverschillig als hij overdag door het huis dendert, zo kwetsbaar en bezorgd komt hij 's avonds aan mijn bed. Hij heeft iets gehoord. Gerommel. Een klap. Mam, komt er oorlog? Nee, lieverd, daar hoef je niet bang voor te zijn. Hij kruipt bij me, rolt zich op en vouwt zich tegen mijn buik. Maar hij kan geen rust vinden. Hij schokt en krabt en friemelt.

Negen jaar. Fietst zelf naar school. En wee mijn gebeente als ik hem stiekem achterna ga. Nu ligt zijn stakerige lijf vol blauwe plekken naast het mijne. 'Mam, soms denk ik dat ik blind word.' 'Je wordt niet zomaar blind, schat.' 'Wel als je ogen verbranden.' Ik streel zijn rug.

Hij vraagt en vraagt en ik blijf de antwoorden schuldig. Er gebeuren zoveel dingen die hij niet begrijpt. Hij heeft geschiedenis op school en is gegrepen door het begrip wereldoorlog. Ik zeg hem dat zoiets nooit meer zal gebeuren. Dan vliegen er drie passagiersvliegtuigen het WTC en het Pentagon in. 'Mam, jij hebt het gezegd, het wordt nooit meer oorlog! Maar op televisie zeggen ze oorlog, oorlog, oorlog!'

Een vol café in Volendam vliegt in de fik. Gruwelijke verhalen. Mijn zoon hoort op televisie dat de feestvierende kinderen vooral in het gezicht en aan de handen verbrand zijn. 'Mam, hoe kan dat nou?' Ik mag van hem maanden niet meer naar de kroeg.

De vader van een kind op school pleegt zelfmoord. De juf zegt dat hij geen zin meer in het leven had. Mathieu snapt daar niks van. Hij had toch lieve kinderen? Ja, maar dat was niet genoeg. Hij was ziek. Depressie heet dat. Dan voel je je de hele tijd zo verdrietig en moe, dat het bijna pijn doet. 'Mam, heb jij ook weleens geen zin meer in het leven?'

Bello, onze hond wordt ziek. Hij moet een spuitje. Euthanasie aan huis. De dierenarts raadt ons aan de kinderen erbij te houden. Om te laten zien dat het geen pijn doet. Mathieu is ontroostbaar en woedend op hem. Huilend knuffelt hij de oude zieke hond. Daarna praten we. Dat Bello zo moe is. Dat hij een mooi leven heeft gehad, hier bij het bos en met twee lieve speelkameraadjes. Dat we zoveel van Bello houden, dat we niet willen dat hij veel pijn heeft. Mathieu accepteert dit. 'Maar toch ben ik verdrietig.' Dat mag, schatje. Afscheid nemen is verdrietig. Daags daarna is hij bang. Bang dat oma doodgaat. Die is toch ook oud? Komt er dan ook iemand een spuitje geven?

Plotseling overlijdt Dave, het zoontje van vrienden. Twaalf jaar. Een virus op zijn hart. We zijn allemaal ziek, kapot en verslagen van verdriet. Dave ligt thuis opgebaard, in zijn bedje. Vriendjes, neefjes, nichtjes en buurtkinderen staan om hem heen. Ze zingen aan zijn bed, leggen krokussen neer, lezen hem voor. Wat een dappere, sterke kinderen. Daves moeder troost ze, praat met ze over sterven en de hemel, waar Dave nu naar toe is. Bello is bij Dave, zegt Mathieu. Hij is niet alleen. Bello zal lief voor je zijn, schrijft hij op een tekening die hij in de kist doet.

's Avonds durft hij niet te slapen. Hij is bang dat hij nooit meer wakker wordt. Ik dacht dat alleen oude mensen doodgingen, zegt hij.

Mijn lief vraagt zich af of het wel goed is, dat kinderen van nu met zoveel ellende geconfronteerd worden. Dat ze hun hond zien sterven, afscheid nemen van een dood kind, alles weten over rampen, terroristen, zinloos geweld, dodelijke ziektes.

Ik denk hierover na met mijn zoon opgerold tegen me aan. Denk aan vroeger, toen ik klein was en er een jongen uit de klas stierf. Hoe het werd meegedeeld en daarna verzwegen. Hoe we werden weggehouden van de begrafenis van oma. Dat ik mijn vader zag huilen en hem niets durfde te vragen. Ik wist dat de dood erg was, maar wat het precies was, wist ik niet. Ik dacht dat 'dood zijn' betekende dat er nooit meer over je gesproken werd. Je verdween en werd door iedereen vergeten. Angst neem je niet weg door te zwijgen.

De openheid van nu naar onze kinderen is een enorme vooruitgang. Ik heb het gezien bij het verlies van Dave. Open, eerlijke kinderen vol zelfvertrouwen, vrij om hun mening te laten horen, hun angsten uit te spreken, hun verdriet te tonen, zelfstandig te denken, op hun manier. Er wordt naar hen geluisterd. Ze zijn opgewassen tegen de Nieuwe Wereld. Nieuwetijdskinderen. Ik heb alle vertrouwen in de toekomst.

DE HIPPE MAN

De man is in de war, dat kunnen we tegenwoordig in alle serieuze bladen en kranten lezen. Hij krijgt anorexia, laat plastisch chirurgisch zijn jukbeenderen aanscherpen of zijn borstspieren vergroten met siliconen en hij heeft minder seks dan wij vrouwen. Dat de man van nu daadwerkelijk in de war is, zie ik in één oogopslag wanneer ik met mijn vriendin D. hang aan de hipste bar van de dag te Amsterdam. Hier gebeurt het, heeft D. mij bezworen en ik heb speciaal voor deze gelegenheid nieuwe, zeer hippe kleren gekocht. Niet hip genoeg constateer ik, nadat de barkeepster mij keer op keer negeert wanneer ik wat wil bestellen.

De inrichting van dit etablissement is 'cool' en het is hier van het grootste belang ook 'cool' te zijn. Dat betekent: doen alsof je genoeg hebt aan je eigen gezelschap. Narcissus zou hier een minderwaardigheidscomplex krijgen. De mannen alhier, of jongens in onze dertigplus-ogen, hebben werk van zichzelf gemaakt. Perfecte lichamen, gespierd maar niet te, omhuld door designkleding, goed gekapt, een subtiel kralenkettinkje om de gebruinde, glad geschoren nek en continu in gesprek met de mobile. Zie hier de nieuwe twintiger. Het zelfvertrouwen straalt ervanaf. Ze roken niet, ze drinken iets hips als wodka of spa blauw. 'Homo's' concludeer ik als provinciaal, waarop D. geërgerd zucht en me duidelijk maakt dat dit de nieuwe man is. Stoer, maar ook zacht, mannelijk, maar met een feminiene aandacht voor zijn uiterlijk. Dat is nog eens iets anders dan waar wij het vroeger als studentes mee moesten doen. Broodmagere neuroten, met zwartgeverfd haar en een oorbel. Krom geschouderd in die eeuwige zelfgebreide truien al was het dertig graden. Altijd stoned of depressief of in vergadering over het nieuw te kraken pand. Jongens die nooit met je dansten, maar altijd alleen, met hun armen en benen zwaaiend op The Cure, stinkend naar zweet, shag en wierook. Er viel weinig te lachen met onze jongens. Zwaar was alles. Het leven, hun lange leren jassen, hun kistjes en hun gedachten. Maar de nieuwe man, hier in dit café, lijkt geen enkele gedachte te hebben.

D. vindt het helemaal niet erg, dat deze nieuwe man wat meer aandacht aan zijn 'verschijning' besteedt. Dat het tot hem doorgedrongen is dat ons oog ook wat wil. Dat zal allemaal wel, maar erg sexy is hij er niet op geworden, concludeer ik. Waarom niet? wil D. weten. Wat maakt een man sexy?

Een mooi lijf, zonder dat hij zich daarvan bewust is. Ogen die dwars door je heen kijken en die verraden waar hij aan denkt: jou nemen op de achterbank. Een ondeugende glimlach, terwijl hij met zijn vrienden praat. Maar vooral: karakter. Een sexy man weigert zich aan te passen aan wat hip is. Hij vindt het gênant om in het openbaar tegen zijn mobile te praten. Hij heeft geen portemonnee, maar stopt zijn geld tot grote ergernis van jou nog altijd in zijn kontzak. Hij vergeet jullie afspraken omdat hij nog steeds geen agenda bezit, laat staan een organizer. Hij zal nooit protsen met zijn nieuwe Saab, maar er wel een deuk in rijden. Hij wil niet vroeg naar bed omdat hij de volgende dag moet werken, maar de hele nacht doorgaan, praten en vrijen met jou. En als je met hem in het café zit, wat hij een afschuwelijke tent vindt, maar als jij het zo leuk vindt, vooruit dan maar, bekijkt hij de dames hier met onverholen geilheid. Nou, D. vindt deze variant helemaal niet zo leuk. Zo'n man drijft je tot waanzin. Nee, dan deze man: zijn lichaam is goddelijk, hij ruikt lekker, hij is dol op winkelen, hij knipt zijn teennagels, kijkt nooit naar andere vrouwen en hij houdt van dansen. Wat willen we nog meer? Seks! roep ik. Humor. Onzekerheid.

Maar jij probeert jouw man toch ook in hippe kleren te krijgen? Jij wilt toch ook dat hij eindelijk eens iets aan dat buikje gaat doen? werpt D. tegen. Dat is waar. Ik beweeg hemel en aarde om hem zo ver te krijgen dat hij een paar Spaanse laarzen aanschaft. Maar juist het feit dat hij dit weigert, maakt hem zo leuk. Het idee dat hij uit zichzelf een Calvin Klein-slip koopt om deze boven zijn heupbroek uit te laten piepen en mij vervolgens vraagt of het niet enig staat... vreselijk. Ik wil geen man die mijn vriendin is, ik wil een man die mijn grillen weerstaat.

Wat is er nou leuk aan wakker worden naast zo'n wandelend brok zelfvertrouwen? Waar moet je dan in godsnaam over strijden? Over wie de ELLE het eerst mag lezen. Dat hij jouw zelfbruinende dagcrème alweer opgemaakt heeft? Gek zou ik van hem worden. Hem een schop onder zijn spijkerharde, goudgebruinde kontje geven: ga bomen kappen, onder een auto liggen, bier drinken met je vrienden en achter de wijven aan!

Als deze 'bimboys' het resultaat zijn van ons jarenlang gepeuter aan de man, dan stop ik hier per vandaag mee. Laat de man met rust!

STRING RELATED INJURY

Ik heb het nooit echt wat gevonden, die string. Maar ik wilde niet achterblijven en ook weleens een strak jurkje of broekje dragen zonder die naden halverwege mijn billen. Zodoende schafte ik enige jaren geleden een veterslip aan, voor feesten en partijen. Het was even wennen, dat gevoel alsof je een slip droeg die voortdurend in je naad kroop, en het kostte me dan ook moeite om er niet aan te peuteren. En dan dat gezwabber van mijn billen wanneer ik liep of danste waardoor ik me continu bewust was van mijn achterkant. Naar elke weerspiegelende ruit of spiegel draaide ik mijn kont, om te checken hoe ik eruitzag, of het nog wel kon, of ik niet allerlei onvolmaaktheden tentoonspreidde. Het effect van dit konttouwtje, een strak achterste in een slank vallend rokje en de bijbehorende positieve aandacht van mannelijke zijde, maakte al deze ongemakken meer dan goed.

De mode werd strakker en strakker en uiteindelijk was er geen ontkomen meer aan, de string diende ook op doordeweekse dagen gedragen te worden. Zeker in de zomer, onder doorschijnend linnen en nauwsluitend katoen. Ik gaf me volledig over aan de bilflosser, als een echte meid van deze tijd.

En ik ben de enige niet. Vriendinnen roemen de reetveter, het vrije, erotische gevoel van een bijna blote kont onder de opwaaiende zomerjurk. De string is opgerukt tot de schappen van de gewoonste zaak van de wereld, heeft zich ontdaan van zijn hoerige imago en onthult tegenwoordig ook het achterste van onze moeders. Een naadloze kont voor iedere vrouw. Uitgehoond worden zij die het lef hebben hem te weerstaan en onder een strakke stretchbroek een gewone tanga of bikinislip dragen.

Over de gevolgen van het veterdragen rept nooit iemand een woord. Alsof we allemaal eelt tussen de billen hebben. Dat het schuurt en striemt en een ware geseling is voor de bilspleet, blijft geheim. Bevallingen en bijbehorende hechtingen, voorliefde voor sm of groepsseks, venerische ziektes, alles gooien we op tafel, maar over de nadelige gevolgen van veelvuldig bilflossen zwijgen we.

Laten we eerlijk zijn, een stukje fietsen op een warme zomerdag, met het zweet en een reepje katoen tussen de billen, is een crime. Een dagje winkelen, wandelen of werken resulteert in een rauwe bips. De lusten die de string bij de partner opwekt, zijn bij jezelf na zo'n dag allang vergaan. Dan wil je alleen nog maar een heel grote katoenen tent aan met airconditioning.

Bij mij heeft het string dragen geleid tot een kwaal die onder specialisten al dé nieuwe modeziekte genoemd wordt, in één adem met RSI en ME, namelijk: SRI, ofwel: String Related Injury. Ik zal je de details besparen, maar geloof me, wanneer je hier last van hebt gehad, is het trekken van een verstandskies een eitje.

Mijn onderkant kan geen string meer verdragen. Alleen al bij het zien van het blotebipsenbroekje knijpen mijn knieën zich samen en verstijven mijn bilspieren. Tussen ons geen veter meer, lijken ze uit te schreeuwen en ze kunnen zich pas ontspannen wanneer ik weer voor het oude, vertrouwde Sloggirekje sta. Dankzij sri heb ik ontdekt dat we de string helemaal niet nodig hebben voor gladde billen in een strakke broek. Er zijn oneindig veel aangenamere slips op de markt die weliswaar in de slaapkamer niet zoveel effect scoren, maar wel onze tere billetjes sparen.

Onze moeders gooiden ooit hun beha's op de brandstapel, ik stel voor dat wij hetzelfde doen met de string. Bevrijd jezelf van deze knellende kontteugels, geef die bilspleet weer wat lucht, en je zult zien dat je biocultuur opleeft.

HERFSTVAKANTIE

'Wat gaan we doen?' Op zondagochtend om halfacht is dat een prangende vraag in de herfstvakantie. De vraag gonst door het land, van bed naar bed, paniek slaat toe, want wat als je geen idee hebt? Een weekend niet in de file naar meubelboulevard, pretpark of koopzondag, is een weekend niet geleefd. Gelukkig wonen wij in een dorp waar de ene *event* de andere afwisselt en hoeven wij nooit in de file. De file komt naar ons. Colonnes tot aan de nok gevulde auto's en bussen wurmen zich door ons centrum en langs ons huis, op zoek naar vertier. Nog maar pas geleden sloten we een zomerseizoen af met een heus jazzfestival en nu wordt de herfst ingeluid met een kunsttiendaagse. We hoeven ons hier geen seconde te vervelen. Wonderlijk genoeg lijken al die mensen die door ons dorp sjokken zich stierlijk te vervelen. Ze komen van ver, hebben er tien kilometer stapvoets rijden en uren zoeken naar een parkeerplaats voor over om met hun ziel onder hun armen langs kraampjes met gefiguurzaagde ganzen en brooddeegkransen te lopen. Ik hoef maar uit het raam te kijken op een mooie zondag, en ik zie een oldtimershow. De treurige, naar genot smachtende massa jakkert langs mijn huis en ik vraag me af wat ze komen doen. Ze kijken alsof ze te voet Albanië ontvlucht zijn. En of ze nou in een achtbaan klimmen of naar een popband kijken, door een herfstbos wandelen of langs een wooneldorado slenteren, ateliers bezoeken of een strandwandeling maken, het gebeurt allemaal met die apathische uitgestreken blik. Al worden ze in een pretpark met tweehonderd kilometer per uur de hemel in gelanceerd, na het nuttigen van zes frikadellen en acht Breezers, het laat ze koud. Wanhopig zoeken ze naar een gevoel, een emotie, een snaar in hen die nog niet geraakt is en ze begrijpen maar niet dat ze het nooit zullen vinden op de braderie en de nachtmarkt, noch op Six Flags.

Waarom wil niemand meer thuis zijn? Wat vinden ze in een wigwam op Ponypark Slagharen, dat ze thuis ontberen? We weten toch dat het dagtrippen een aaneenschakeling van teleurstellingen is? Afgezien van de files en volle parkeerplaatsen, betekent een uitstapje doorgaans koude patat, melige pannenkoeken, koolzuurloze cola, koude koffie, in de rij voor een smerig toilet en weer naar huis met jankende, ontevreden kinderen, al hebben ze een zak snoep en twee ijsjes op en mochten ze ook nog een cadeautje. En dat allemaal voor nog geen tweehonderd euro! Zie dan de moed er maar eens in te houden en de vraag te vermijden wie er op het onzalige idee kwam om dit uitstapje te maken.

Nee, veel liever blijf ik thuis, een hele herfstvakantie lang. Uit verveling worden de mooiste dingen geboren. Mijn lief leert mijn zoon schaken en mijn dochter en ik bekijken voor de duizendste keer haar geboorteboek. We doen de gordijnen dicht en draaien om beurten onze favoriete liedjes. We bekijken al onze videofilmpjes, van de eerste stapjes van onze dochter, het bezoek van Sinterklaas, tot een rampzalig bezoek aan de toren van Pisa. We hebben onze pyjama's nog aan en zitten al aan de rode wijn, terwijl buiten de motoren ronken en vele gezinnen zich opgefokt een weg banen naar ons dorp, waar weer een of andere boekenmarkt staat te verregenen. We bakken tosti's en koekjes en stoeien op de bank. Er lijkt geen einde aan de dag te komen en dat is het grootste genot: tijd te hebben om te verspillen. Geen aandrang te voelen in de auto te klimmen om goed georganiseerd op avontuur te gaan. Het eigen huis, de ideale bestemming. Eindelijk tijd om dat boek uit te lezen, lekker goedkoop, van alle gemakken voorzien en geen toerist te bekennen.

OMA

Nog even en we kunnen aan de carrièrepil: een pil die de eierstokken stillegt en zodoende onze eitjes lekker lang vers houdt. Dan kan de carrière gepland worden zonder hinderlijk getik van de biologische klok. Of je gaat naar de medische legbatterij en laat je eitjes invriezen, om ze twintig jaar later uit de vrieskist te lichten en vlak voor de menopauze intreedt nog even uit te broeden. Kan allemaal en iedereen is blij. De werkgevers worden niet langer gehinderd door zwangerschaps- en ouderschapsverlof. Crèches en naschoolse opvang kunnen gesloten worden, want de kindjes worden pas geboren wanneer de ouders in de vut gaan en zodoende alle tijd hebben hen samen thuis op te vangen. Pa en ma hebben alle landen gezien, alle sporten uitgeoefend en alle feesten gevierd. Hun wilde haren zijn inmiddels grijs, ze zijn de midlifecrisis te boven, tijd voor een kindje. Mochten de eitjes de tand des tijds niet hebben doorstaan, dan is er altijd nog internet waar we online kunnen bieden op de eieren van een fotomodel.

Na het borstvoeden van de moeizaam tot stand gekomen baby nog even langs de plastisch chirurg voor een borstcorrectie, en niemand ziet meer dat je in feite eerder oma dan moeder bent. En zo rekken we onze jeugd maar eindeloos op, bang als we zijn voor ouderdom en verval. Straks is er niemand meer over om ons te leren dat oud zijn ook zijn bekoringen heeft. Want opa's en oma's zoals wij die nog kennen, sterven uit. Ik denk aan mijn oma, aan wat ik elke dag weer van haar leer: dat oud worden helemaal niet erg is, maar juist prachtig en leerzaam. Zoals zij kan genieten van een roodborstje voor haar raam, van een kus van haar kleindochter, van de avonturen van Japie, haar kat, zo hoop ik ook ooit de kleine dingen van het leven op prijs te stellen. Maar mocht mijn dochter haar vruchtbare jaren beschikbaar stellen aan het bedrijfsleven, dan zal ik het omaschap wellicht niet meemaken. Of pas wanneer ik zo oud ben, dat ik mijn kleinkind niet kan vasthouden, of opvangen als het valt.

Grootouders behoren tot een bedreigde soort. Terwijl ze zo belangrijk zijn. Lekker met je kleinkind de eendjes voeren en als het een keel opzet vanwege een volle luier, geef je het gewoon terug aan de jonge en fitte moeder. Zo rond je vijftigste, wanneer de overgangshormonen door je lijf gieren, is het moeilijk omgaan met een eveneens door hormonen geplaagde puber, maar ben je wel rijp voor het omaschap.

Oma's geven een kind wortels. En daarom moeten oma's blijven. Ieder kind heeft recht op een moeder die nog in staat is om te stoeien in het gras, op een vader met een rug waarop eindeloos paardje gereden kan worden en in elk geval één oma of opa die nog gezond genoeg is om bij op schoot te kunnen zitten. Ik wil later niet dat mijn kleinkinderen mij alleen kennen uit een fotoalbum. Ik wil mijn kleinkinderen te logeren krijgen, samen paddestoelen zoeken in het bos, hen ontvangen met trommels snoep en lauwe thee en hetzelfde zeggen wat mijn oma laatst nog tegen mij zei: 'Ach kind, het enige wat je overhoudt aan een glanzende carrière is een krans op je graf.'

OH BENICIO!

Laatst ging ik naar de film. *Traffic*. In het plaatselijke filmhuis waar cultureel correcte films altijd wat later draaien dan in de hoofdstad. Maar goed, in die zwarte, naar padvinderij ruikende filmschuur, zag ik de man die sindsdien niet meer uit mijn fantasieën weg te slaan is. Benicio del Toro. Zijn naam alleen al, een naam die je uitsluitend hitsig kan fluisteren, een naam als mantra van geiligheid. Benicio del Toro. De naam van een minnaar. Benicio del Toro. Dat is nog eens wat anders dan Kees Jansen.

Ik prevelde het een paar keer zacht voor me uit. Sliste wat bij de 'c'. Benízio. Mijn bloed ging ervan bruisen als champagne.

En nu kan ik niet meer ophouden. Met het fluisteren van die naam. Benízio. Op vakantie, liggend aan het strand, met de warme zon op mijn huid, het geruis van golven op de achtergrond, mompel ik Benízio totdat zijn schaduw over me heen glijdt. Ik zie de druppels zeewater op zijn donkerbruine huid. Voel hoe zijn glanzend zwarte haar drupt op mijn lichaam. Hij lacht. Een schorre lach die klinkt naar Gauloises en Soberano, El Sabor del Hombre. Hij gooit zijn glanzende, dikke haardos nonchalant achterover, knijpt zijn ogen tot spleetjes, trekt gulzig aan zijn sigaret, die hij tussen duim en wijsvinger vasthoudt, gooit de peuk weg en vlijt zijn natte, warme lijf over het mijne. Benízio. Kijkt broeierig serieus. Strenge wenkbrauwen, volle lippen. Mijn weerstand, mijn verstand, ik verlies alles en geef me over. Benízio. Leef maar één keer. Ik heb mijn best gedaan tot nu toe. Dertien jaar trouw geweest aan die ene. Zijn kinderen gebaard, aan zijn zijde gestaan op feesten en partijen, hem aangemoedigd en afgeremd en opgebeurd, zijn haren uit het doucheputje gevist en elke dag van hem gehouden, hetgeen ik vermoedelijk zal blijven doen tot en met de dag dat we beiden oud en versleten zijn, maar tjeetje, mag ik even dromen over een ander leven? Van Benízio?

Met zijn wilde haren, alsof hij net uit bed komt, na een heftige nacht, Benízio, die mijn hand pakt en me meesleurt, God weet waar naartoe, om het daar nog een keer te doen, waarna hij me meeneemt naar een duister feest, volgiet met rum en hitsig tegen me aan danst. Benízio in een wit overhemd, open tot aan zijn navel, kleine zwarte haartjes die rusten op zijn gespierde borstkas. Ruikend naar vieux en sigaretten en zweet en testosteron. Del Toro. Van hem kan ik het hebben. Benicio del Toro, als ik ooit een minnaar neem, dan toch minstens eentje met zo'n naam, als een gedicht, die doet denken aan bloedrode rozen en serenades, driftig gitaarspel en huilende accordeons, galopperende zwarte hengsten en dampende stieren. Voor hem wil ik wel het slachtoffer zijn van een bende bandieten, vastgebonden aan een paal, mijn rode jurk boven mijn borsten gescheurd, huilend en smekend, totdat hij komt. Totdat hij met zijn sabel in één slag de touwen doorklieft en mij optilt, terwijl ik hijg en snik. Totdat hij mij over dat paard zwiept en vlucht, tot aan de rivier, waar hij me neerlegt op zijn leren jas, en mijn wonden dept met repen stof van zijn overhemd, die hij natmaakt in de rivier, mijn tranen wegkust en….

mijn kinderen hun natte badgoed op mijn buik gooien en mij eraan herinneren dat ik een moeder ben, gelukkig getrouwd nota bene en dat Benicio zich hoogstwaarschijnlijk in Hollywood laaft aan de aandacht van strak in het vel zittende actrices.

De kinderen en mijn lief hebben het wel gezien op het strand, verlangen naar ijs en bier, dus lopen we rood verbrand, vermoeid sjokkend door het zand, richting het terras met uitzicht op voetballende, half ontblote hombres. De camarero staat onmiddellijk bij ons tafeltje om te vragen wat onze wensen zijn. Helados, zeggen de kinderen. Cerveza, zegt mijn lief. Benízio, zucht ik.

VAMPIRELLA

Het kan je buurvrouw zijn, je nieuwe collega, je schoonzusje of de moeder van een vriendinnetje van je dochter. Vampiervrouwen zijn overal en op een dag staat er een voor jouw deur. Zit ze aan jouw keukentafel aan de koffie, leunt ze op jouw bureau om over haar tragische liefdesleven te vertellen. Hoe ze het doet weet niemand, maar ze weet zich als een koekoeksjong te nestelen in jouw leven en het in een mum van tijd volledig op zijn kop te zetten.

Marja was blij dat in het huis naast hen een jong gezin kwam wonen. Eindelijk wat gelijkgestemden in haar stadsbuurt vol yuppies die zich dagelijks beklaagden over ballen in hun tuin en fietsjes op straat.

Haar nieuwe buurvrouw was een knappe, slanke vrouw die op de dag van de oplevering van het appartement al op de stoep stond. Of ze even mocht kijken hoe zíj het huis hadden verbouwd. Marja vond dit leuk. Wat een spontaan, doortastend type was haar nieuwe buurvrouw, die zich voorstelde als Babette en zich uitgebreid liet rondleiden door Marja's huis. Ze voelde aan de gordijnen, streek langs de perfect gestuukte wanden, informeerde naar de bouwer van de keuken en de badkamer, vroeg waar Marja dat enige servies vandaan had.

Daarna dronken ze koffie. Babette klaagde dat ze vreselijk opzag tegen de verbouwing. Haar man Harold werkte zestig uur per week. Ze had twee kleine kinderen. En ze was net geopereerd. Marja durfde niet te vragen waaraan. Ze bood wel aan om op Babettes dochtertjes te passen, mocht dat nodig zijn. Was een kleine moeite en leuk voor haar eigen meiden.

Twee dagen later liep Babette weer bij haar binnen, rond etenstijd. Ze had een kleurenwaaier bij zich en vroeg of ze even mocht kijken welke kleuren Marja precies voor haar keuken had gebruikt. Die vond ze zo mooi klassiek en warm. En of Marja morgen een uurtje op haar dochtertjes kon passen. Marja, die een eigen marketingbureautje aan huis had, bedacht dat ze eigenlijk moest werken. En haar meiden waren naar school. Babette ging zitten en haar lippen begonnen te trillen. Een bibberige zucht ontsnapte aan haar en toen kwamen de tranen. Ze wilde niet huilen, maar het werd haar allemaal te veel. Morgen moest ze naar het ziekenhuis. Harold kon geen vrij krijgen van zijn werk. Met haar moeder leefde ze al jaren in onmin. En ze zag vreselijk op tegen morgen. Ze had een buikoperatie gehad en morgen zouden de hechtingen eruit gehaald worden. Ze mocht niets tillen, maar dat was niet te doen met twee kleine kinderen en aankomende verhuizing…

Marja schonk snel een glas rode wijn in voor haar snikkende buurvrouw, die ze nog maar net kende en die nu al haar ellende al op tafel gooide. Babette verontschuldigde zich voor haar tranen en dronk gulzig haar glas wijn leeg. Het ging alweer, zei ze. Marja klopte haar op haar schouder en beloofde de volgende dag een uurtje vrij te maken om op haar dochtertjes te letten. Babette noemde haar een schat en kuste haar toen ze wegging.

En aldus drong Vampirella Marja's leven binnen, zonder dat ze er erg in had.

Vampirella. Ze laat er geen gras over groeien. Ze valt je deur binnen op een onbewaakt ogenblik en werpt haar vuile was voor je voeten. Niet alles, maar net genoeg om je nieuwsgierigheid te wekken en net te weinig om je geïnteresseerd te houden. Je kan niet anders dan je hulp en medeleven aanbieden. Tenslotte ben je een vrouw en heb je geleerd om solidair te zijn met elkaar en vooral met de slachtoffers. En laten we eerlijk zijn: het voelt ook goed om iemand te steunen, om nodig te zijn, zeker als die persoon zo warm en vol waardering reageert op jouw hulp. Het is toch vleiend dat iemand op jou wil leunen, dat ze meent dat jij zo sterk bent dat jouw schouders ook haar leed wel kunnen dragen. Dat maakt dat je al je twijfels opzij zet en niet luistert naar het kleine stemmetje in je hoofd, dat roept: 'Er klopt iets niet, ze is wel erg openhartig en opdringerig, weet ik wel zeker dat ik een relatie wil met deze vrouw?'

De dochtertjes van Babette en Harold liepen al snel de deur bij Marja plat. Evenals Babette zelf. Met stalen behang, gordijnstof, tekeningen van de keuken, het tuinontwerp. Ook wanneer Marja zat te werken. Ze vond het moeilijk om te zeggen 'nu even niet' en toen ze dat uiteindelijk toch durfde, op aandringen van haar echtgenoot Sam, antwoordde Babette dat ze zich niet zo aan moest stellen en dat het leven niet alleen uit werken bestond. Daar had ze niet van terug. Inmiddels wist Marja ook dat het huwelijk van Babette en Harold niet lekker liep, dat Harold een relatie had gehad met zijn assistente, dat Babette als kind was mishandeld door haar moeder en dat haar oudste dochtertje ADHD had. Babette kon al haar problemen niet meer aan en was gestopt met haar werk als manager bij een groot IT-bedrijf om zich helemaal op haar gezin en de verbouwing van het huis te richten.

Begrijpelijk dat Babette vaak hoofdpijn had en ze haar kin-

deren dan naar Marja stuurde. 'Ik ben zo blij met je,' verzucht-
te Babette regelmatig. 'Als ik jou niet had… Jij bent de enige
met wie ik kan praten, die me begrijpt, lijkt wel.' Dan omhelsde
Babette haar en kuste haar op de mond. Eigenlijk hield Marja
helemaal niet van dit soort lichamelijkheden, maar ze durfde
Babette niet te kwetsen. Blijkbaar had ze die fysieke steun nodig. En het betekende wel dat Babette haar volledig vertrouwde.

Vampirella. Ze zuigt zich aan je vast als een bloedzuiger. Let-
terlijk en figuurlijk. Ze streelt je hand, kijkt diep in je ogen en
vertelt je hoe belangrijk je voor haar bent, dat je de enige bent
die alles van haar weet. Daarmee onderstreept en versterkt ze
jullie band en maakt ze het je steeds moeilijker om afstand te
bewaren. Vampirella's zijn meesteressen in emotionele mani-
pulatie en tegen de tijd dat je dat door begint te krijgen, is ze al
lang en breed binnen en is ze begonnen aan haar destructieve
werk: het ontwrichten van jouw sociale leven. Ze is als een ge-
vaarlijk computervirus dat binnendringt en langzaam al je be-
standen aantast. Ze omhelst je en bekijkt ondertussen met
haar laserogen hoe ze jouw huis, je partner, je kledingkast, je
vriendinnen zo snel mogelijk van haar kan maken.

Toen het huis helemaal klaar was, gaven Babette en Harold een
house-warming party. Tot Marja's grote verbazing waren daar
ook een paar van haar beste vriendinnen, die Babette bij haar
thuis had ontmoet. Ze voelde een lichte irritatie, die ze onmiddellijk onderdrukte. Babette was nieuw in het dorp, ze
kende niemand behalve haar en haar vriendinnen. Wat was er
op tegen om haar op te nemen in haar vriendinnenkring? Het
was toch een leuke vrouw? Ze moest zich niet zo aanstellen.
Niet zo kinderachtig jaloers zijn.

Wat haar ook opviel, was dat het huis van Babette en Harold wel een exacte kopie leek van het hare. Niemand zei er wat van, maar het moest toch opvallen dat Babettes keuken dezelfde kleur had, en dezelfde apparatuur, dat de gordijnen ook van grijs linnen waren en er dezelfde keukentafel met Franse bistrostoeltjes stond. 's Nachts in bed begon Sam erover. Hij vond Harold en Babette enge mensen en wilde meer afstand. Ze hadden nota bene hun complete huis gekopieerd. En al hun vrienden liepen er rond. Hadden ze zelf geen vrienden?

Marja verdedigde Babette. Ze had het moeilijk en was heel eenzaam. Harold werkte zes dagen per week, ze was gebrouilleerd met haar familie, haar vrienden woonden allemaal ver weg. Wat maakte het uit dat ze probeerde bevriend te raken met hun vrienden? Dat was juist leuk. En was het eigenlijk geen compliment dat ze zich hadden laten inspireren door hun huis? Sam bleef het belachelijk vinden. Wat hem betreft kwam Babette niet meer over de vloer. Marja riep dat ze zelf bepaalde met wie ze omging. Uiteindelijk kregen ze slaande ruzie en Sam sliep die nacht op de bank in de kamer.

Vampirella. Ze drijft een wig tussen jou en de mensen van wie je houdt. Terwijl jij ruzie over haar maakt met je partner, papt Vampirella aan met je vriendinnen, die ook allemaal met haar lot begaan zijn. En ineens verschijnt ze op alle verjaardagen, dineetjes en feestjes waar jij heen gaat en weet ze je dingen over je vriendinnen te vertellen, die jij nog niet wist. Het voelt raar. Een beetje alsof ze jouw plaats inneemt, ze je leven kopieert. Maar dat gevoel wuif je weg. Totdat ze ineens haar haar net zo laat knippen als jij. En haar kinderen in dezelfde kleding lopen als de jouwe. Haar partner getransformeerd wordt tot hij er net zo uitziet als jouw man. Dan kun je er niet langer omheen: je nieuwe vriendin heeft het op jouw leven voorzien. Je bent in een subtiele versie van *Single White Female* beland en het wordt hoog tijd de relatie te beëindigen voordat het te laat is en zij jou, zoals het een echt koekoeksjong betaamt, met haar dikke billen uit je eigen nestje wipt.

Een paar dagen na de house-warming fietste Babette in tenniskleren voorbij met Marja's beste vriendin Jorien. Dat deed pijn, maar Marja zei in eerste instantie tegen zichzelf dat ze zich niet moest aanstellen. Zij kon niet tennissen en wat was er op tegen dat Babette en Jorien, die er beiden gek op waren, dat samen gingen doen? Een uur later ging de telefoon. Babette. Of Marja haar dochters mee kon nemen van school. Het was zulk heerlijk weer, ze wilde nog een potje spelen. En was Marja thuis, einde van de middag? Ze moest haar even spreken. Dat prikkelde Marja's nieuwsgierigheid net genoeg om zich niet op te winden over het feit dat zij met vier kinderen zat opgescheept, terwijl de dames op het terras van de tennisbaan van het zonnetje genoten.

Zoals een vampier uitsluitend bloed van blanke maagden drinkt, zo parasiteert een vampirella op sterke, sociale vrouwen met een groot hart, in wiens woordenboek de term 'nee' niet voorkomt. Vrouwen die menen alles aan te kunnen, die vinden dat ze er voor iedereen moeten zijn. Niet zelden hebben deze vrouwen meerdere vampiers in hun familie- en vriendenkring. Ze werken, helpen mee op school, doen boodschappen voor hun moeder en zorgen voor de hond van hun schoonmoeder. Ze klagen nooit, maar zijn wel gevoelig voor geklaag van anderen. Ze voelen zich verantwoordelijk voor de regen die de vakantie verpest van hun zuster, voor het geldgebrek, het huwelijksleed, de kinderloosheid, de files, het ontslag, voor alles wat mislukt in het leven van hun dierbaren en dat willen ze allemaal goedmaken. Compenseren. Oplossen. Ze lijden aan het Atlassyndroom (Atlas is de man die de wereld op zijn schouders torst), hebben een veel te groot verantwoordelijkheidsgevoel. En dat werkt als een magneet op Vampirella.

Eind van de middag werd begin van de avond. Marja had Babettes dochtertjes al eten gegeven, toen zij beschonken de keuken binnenwandelde, nog altijd in haar tennisjurkje. Babette greep naar de fles witte wijn die op tafel stond en schonk zichzelf in. 'Heb je ook ijs?' vroeg ze en hief haar glas in Marja's richting. Net toen Marja wilde zeggen dat ze het zat was om door Babette behandeld te worden als babysit en serveerster en dat ze meer afstand wilde, toen ze eindelijk de moed had verzameld om eens 'nee' te zeggen tegen haar nieuwe vriendin en buurvrouw, begon Babette te schokschouderen. Tranen biggelden over haar wangen en ze begon te schelden. Op Harold, die lul. Hij wilde scheiden, en samen gaan leven met zijn marketingassistente. Oh, god, waarom moest haar dat weer overkomen? Alsof ze nog niet genoeg ellende had meegemaakt?

Marja reikte haar een pakje zakdoekjes aan en luisterde naar Babettes verhaal. Ze wist het: dit wordt één bak ellende. Ik ben verzeild geraakt in een soap, die nooit meer ophoudt. Hoe kan ik afstand nemen van haar, terwijl ze zo diep in de problemen zit?

Marja kon het niet. Ze was een lieve, sociale vrouw met plek genoeg aan haar keukentafel voor nog twee kinderen en hun verdrietige moeder. Ze was zelfs bereid hierover de strijd met haar echtgenoot aan te gaan. Ze hielp Babette aan werk en aan een advocaat, de man van haar beste vriendin. Ze ving haar kinderen op en troostte haar. Totdat op een dag bleek dat Babette háár opdrachtgevers benaderde en een affaire had met de advocaat. Pas toen realiseerde ze zich wat ze zomaar had laten gebeuren. Dat ze Vampirella had toegestaan haar tanden in haar nek te zetten om haar leven gulzig op te laten slokken. Haar relatie, haar carrière, haar sociale leven, alles was op zijn kop gezet door haar buurvrouw en er was geen ontkomen meer aan: ze moest Babette uit haar leven jagen. En dat bleek niet gemakkelijk: de waterlanders van Babette vloeiden nu rijkelijk bij Marja's andere vriendinnen en hun oordeel was éénduidig: wat een keiharde bitch was die Marja, dat ze haar buurvrouw, haar vriendin, met wie ze zoveel had gedeeld, zomaar de rug toekeerde. Om de beurt kwamen ze vragen of Marja haar hand niet over haar hart kon strijken, want Babette had het er zo moeilijk mee. En dat van die affaire, dat was gewoon een ongelukje, gebeurd in een onbewaakt ogenblik, hij had zich aan haar opgedrongen. Wie was Marja om zo'n hard oordeel over zoiets te vellen? Wacht maar, zei Marja alleen maar. Wacht maar. Op een dag komen jullie erachter dat ook jullie slechts gereedschap zijn in haar kistje. Dat ze jullie gebruikt om haar eigen leven te verbeteren en dan weer doorgaat naar iemand anders.

En zo ging het ook. Maar toen was het al te laat om nog iets van de ooit zo mooie en hechte vriendschappen te redden.

Vampirella. Hang knoflook boven de deur als zij je huis passeert. Maak een houten kruis en hang dat om je nek. Wees alert en bewaar afstand wanneer een vreemde vrouw je probeert te versieren als een man. Ze doemt op uit het niets, op een feestje, in je straat, op je werk, bij zwangerschapsgym en ze claimt al je aandacht. Negeer de telefoontjes en uitnodigingen voor gezellige etentjes, vertel nooit naar welke kapper je gaat, help haar niet aan een baantje en houd je partner en vriendinnen uit haar buurt. Luister naar het stemmetje in je hoofd, dat altijd gelijk heeft. Vriendschap groeit en bloeit vanzelf. Als iemand het probeert af te dwingen door jouw sociale leven binnen te dringen en daarbij al je grenzen overschrijdt, dan zou je beter moeten weten. Je hebt met Vampirella van doen.

MIJN DIGIBEET

Ik ben getrouwd met een digibeet en ik vind dat het hoog tijd wordt voor wat lotgenotencontact. Voor vrouwen van alcoholisten, depressieven en exhibitionisten is er van alles, maar voor de vrouw van een digibeet is er niks. Geen hulplijn, geen chatgroep, geen nieuwsbrief, forum of prikbord. En aan mijn vriendinnen heb ik ook al niet veel. Zij die een man hebben, hebben allemaal zo'n handig, multifunctioneel exemplaar dat mobieltjes programmeert, cd'tjes brandt en de digitaal programmeerbare combi-oven repareert, en zij die er geen hebben, zeggen dat ik blij moet zijn met de mijne. Al is hij dan een digibeet.

Maar ik ben helemaal niet blij. Het is helemaal niet leuk om de vrouw van een digibeet te zijn. Het betekent namelijk dat je, wil je een beetje 'up to date' blijven, zelf je ADSL-lijn moet aanleggen, hetgeen ik dus zojuist heb geprobeerd. En het oranje lampje van mijn ethernetmodem blijft knipperen, wat volgens de gebruiksaanwijzing betekent dat het niet goed aangesloten is op de splitter, of dat de modem niet goed is geïnstalleerd en bij de helpdesk zijn er tig wachtenden voor me en als ik eindelijk aan de beurt ben dan… aaaarrrggghhh! wordt de verbinding verbroken. En op dat moment verlang ik zo hevig naar een handige man, dat het bijna pijn doet. Ik ben in staat er gewoon eentje van zijn fiets te rukken en hem te smeken mij te helpen met de USB-poorten, ethernetkaarten en kabelfilters. Ondertussen zit mijn lief totaal relaxed koffie te drinken aan de keukentafel. Het enige apparaat dat hij weet te bedienen in huis is onze espressomachine. Het heeft geen zin tegen hem te klagen over niet-werkende computers, oranje flikkerende lampjes en termen als 'error'. Het zegt hem allemaal niets en hij wil zich er ook niet in verdiepen. Hij is volstrekt tevreden met zijn kennis omtrent koffiezetten, het licht aandoen, de verwarming aan- of uitzetten en de televisie bedienen met de twee knoppen die hij kent van de afstandbediening: 'aan-uit' en 'volgende kanaal'.

Meer heeft hij niet nodig. Maar ik wel. Ik wil alle apparaten hebben die beloven mijn leven eenvoudiger en aangenamer te maken. Ik sleep dvd-spelers, combi-ovens, cd-branders, video-camera's, digitale weegschalen en sapcentrifuges, scanners, printers, faxen en multifunctionele telefoons ons hol in, in de hoop dat al deze moderne troep me meer tijd en minder ergernis oplevert, maar uiteindelijk gebeurt precies het omgekeerde. En wiens schuld is dat? Nee, niet die van de fabrikanten, zoals mijn lief beweert wanneer hij met een half oog naar de encyclopedisch dikke gebruiksaanwijzingen heeft gekeken, en niet die van de consumenten, die, weer volgens mijn lief, elkaar allemaal opnaaien tot het aanschaffen van zinloze, milieuvervuilende rommel. Het is zíjn schuld. Hij veronachtzaamt zijn mannelijke taak, hij verzuimt gebruik te maken van zijn mannelijke techneutengenen, het interesseert hem niks dat hij niet kan telebankieren, downloaden, e-mailen en dvd's kan afspelen en daarom ben ik degene die steeds weer achter de kasten, op het keukentrapje en onder het bureau lig of sta, met snoeren en schroevendraaiers, en ben ik daar niet mee bezig, dan zit ik wel aan de telefoon een helpdeksmedewerker uit te schelden. Terwijl het allemaal zo anders kan. Met een andere man. Ik hou van de mijne hoor, daar niet van, maar het is toch jammer dat ik het bij deze ene moet laten. Het zou zo fijn zijn als ik er gewoon eentje bij mocht nemen. En dan zou ik niet kiezen voor een welgeschapen, gespierde latin lover, noch een rijzige blonde god, maar een man die met een zelfverzekerde lach op zijn gelaat in een mum van tijd de digitale thermostaat zo instelt dat het altijd warm is en er toch energie bespaard wordt, een kerel die bevallig voor mijn video gaat liggen en ervoor zorgt dat ik ER nooit meer hoef te missen. Een jongen met altijd de juiste schroevendraaier op zak, of een driftig muisklikkende computernerd die al mijn USB-, ADSL- en ISDN-problemen oplost. Dan kan ik lekker koffiedrinken met mijn digitaal gehandicapte lief zonder hem met een faxrol voor zijn kop te slaan.

BIG SPENDSTER

Gisteren deed ik het nog. Ruzie maken over geld. Mijn lief be-
schuldigde me ervan 'elke dag wel wat te kopen' en ik gilde
daarop dat het mijn goed recht is, want het is míjn geld! Waarop hij ontbrandde in een monoloog dat ik koopverslaafd ben,
ik en al die vrouwen en dat we de hele dag maar shoppen,
shoppen, shoppen en waarom we niet gaan wandelen langs
het strand of in het bos. Er is meer in het leven dan winkelen en
hij was het zat, al dat geleuter over spullen en kleren, wat moest
ik trouwens met al die troep: de nieuwste mobiele telefoon, zeven paar halfhoge zwarte laarsjes, een klerenkast vol grijze
truitjes en zwarte broeken, acht winterjassen en een boeken-
kast vol kookboeken waaruit ik nooit iets kook. Gedurende
zijn preek voelde ik een sterke aandrang om weg te rennen en
met mijn pinpas eens even flink te wapperen, alles vergeten en
die prachtige Spaanse laarzen te kopen. Maar dat zou alleen
maar meer olie op zijn vuur gooien. Dus vertelde ik hem zich
met zijn eigen zaken te bemoeien. Ik werk hard, het zijn mijn
centen en hij wil toch ook dat ik er leuk uitzie, nou?

Leg een man maar eens uit wat een troost het kan zijn eindelijk dat prachtige zacht leren jasje te vinden, het aan te trekken en te voelen hoe je een ander mens wordt. Onder aanmoe-
diging van een vriendelijke verkoopster die je complimenteert

met je slanke lijf en zegt dat het zo prachtig kleurt bij je haar. Het maakt je jaren jonger, even zie je in de spiegel het meisje dat je ooit was. Dus koop je het, al sta je bijna rood, en onderweg naar huis word je al een beetje minder vrolijk. Je dekt je in: 'Was een uitverkoopje', of je hangt het aan de kapstok en zegt dat je het al jaren had. Aan de andere kant, denk je, het is mijn leven, mijn geld, heeft mijn moeder me niet altijd gezegd: zorg dat je je eigen centen verdient, zodat je nooit aan je man om geld hoeft te vragen. Wees zelfstandig, kind.

Even ben ik jaloers op die single vrouw, die volgens een recent onderzoek 'ongegeneerd decadent loopt te doen'. Ze koopt gadgets voor haar mobiele telefoon, designkleding en dure cosmetica zonder dat er een haan naar kraait. Niks sparen en beleggen, maar *spenden* en jezelf verwennen, genieten van de vruchten die het harde werken oplevert.

Geluk is te koop. Ik hoef de Bijenkorf maar in te lopen met een bankrekening vol vakantiegeld en de opwinding kolkt door mijn aderen. Mijn leven zal veranderen als ik mijn huis Marokkaans inricht en thee drink uit die turkoois-gouden theeglaasjes. Bij het zien van een prachtige 'deckchair' lig ik in gedachten al te genieten van een bleek nazomerzonnetje en de tere, zachtgrijze lingerie, waarover ik mijn vingers laat glijden, zal het verval van mijn lichaam aan het oog onttrekken. Ik koop het allemaal omdat het kan, maar na afrekening sijpelt het teleurgestelde, lege gevoel alweer binnen. Het verlangen blijkt bevredigender dan het bezitten. Nooit zal ik toekomen aan een dutje in mijn 'deckchair', mijn dijen worden niet slanker van een kanten slipje, de theeglaasjes staan niet bij het servies dat ik nog geen jaar geleden aanschafte. Er moet nog meer komen, een ander servies, anticellulitiscrème, een zonnebank en een fitnessapparaat. Het helpt allemaal niks. Al bij het ratelen van de pin-kassa realiseer ik me dat. De betovering is gebroken, ik blijf dezelfde, alleen een stuk armer. De echte dip komt bij het zien van de bank- en creditcardafschriften, die ik vervolgens angstvallig verstop. Een negatief saldo en het gevoel een totale mislukkeling te zijn, onvolwassen en dom. Ik heb me gedragen als een klein meisje in een snoepwinkel, heb mezelf volgepropt tot ik misselijk werd. Hoezo zelfstandig? Zelfstandig zijn is niet jezelf verwennen, maar jezelf beheersen. Godzijdank heb ik een man om me daarop te wijzen.

KAMPEERDRIFTEN

5,5 miljoen landgenoten verspreiden zich zomers over het Europese continent met sleurhut of bungalowtent, op zoek naar vrijheid en ongerepte natuur. Kamperen is hot, vooral bij hoogopgeleide, tweeverdienende dertigplussers, volgens een recent onderzoek van de stichting Continu Vakantie Onderzoek. Geld zat, zou je zeggen, om een leuk comfortabel huisje te huren, of een heerlijk luxe hotelletje te nemen, maar nee hoor, liever liggen ze op hernia veroorzakende matjes, pissen ze de door hen zo geliefde natuur aan gort en eten ze zwartgeblakerde kippenpoten met bonen uit blik.

Waarom toch? vraag ik me af, want mij krijg je niet meer zo ver. Ik heb het twee keer in mijn leven gedaan en dat was meer dan genoeg. Ik heb mijn privacy namelijk lief en dan moet je niet op de camping zijn. Al heb je nog zo'n mooi plekje aan het water, onder een eeuwenoude Franse eik, de kans is groot dat naast je twee gezellige motorfanaten komen staan die niets liever doen dan bier drinken, boeren en pissen op de lavendelstruiken.

Je hoort en ziet alles van je medekampeerders, en ze horen en zien alles van jou. Steek je 's morgens je verkreukelde hoofd uit de tent, dan word je al blijmoedig gegroet door de buurman, die, op weg naar de douche- en wc-ruimtes vrolijk met een emmer vol urine loopt te zwaaien: 'Pompiedom, goede-morgen, lekker weertje weer hè?' Vreselijk, al die mensen en zo weinig wc's. Van de gedachte alleen al krijg ik buikloop.

En dan heb ik het nog niet eens over dat iebelige gedoe in een tent vol rotzooi, waarin je nooit iets kunt vinden en altijd wel wat omgooit. De luchtbedden die je elke avond oppompt en die toch midden in de nacht weer leeggelopen zijn, terwijl je het lek maar niet kunt vinden. En dan het zand dat overal in en op zit en de muffe geur van vochtige slaapzakken en knoflook-zweet, 's nachts wakker worden met een volle blaas, over ieder-een heen stommelen op zoek naar de emmer, tastend in het pikkedonker, hopen dat je goed mikt en niet over de slaapzak-ken heen plast, waarna je de emmer alsnog omverloopt, om-dat je aangeschoten bent, want je kan alleen maar door het ge-bral van je buren heenslapen na het ledigen van een literfles wijn, die zomerse bui, die alles natregent, het douchen onder koud water met de zeep- en andere resten van je voorganger in het putje, en al dat horizonvervuilende witte plastic.

Het ergste van kamperen is de desastreuze invloed ervan op je seksleven. Dat geschuur op zo'n matje of slap luchtbed vind ik helemaal niks. Misschien dat sommigen een extra kick krij-gen van het idee dat de hele camping ervan meegeniet en de hele caravan of tent stevig meewiebelt, dat stiekeme, benauw-de, gesmoorde gecopuleer op de vierkante meter terwijl de kinderen naast je liggen te slapen ('Mam, is er wat, wat doe je gek. Waar is pap?'). Nee, voor mij hoeft seks dan helemaal niet meer.

Het mag zo enig zijn voor de kinderen, dat kamperen, voor de romantiek is het bij ons de doodklap. En laten we eerlijk zijn, op vakantie ga je toch ook wel een klein beetje om je seks-leven weer wat nieuwe impulsen te geven. Dus wanneer vrien-dinnen zo opgetogen praten over hun vijfweekse kampeervakantie, zo heerlijk in de vrije natuur en de hele dag lekker buiten, lekker tutten met een primusje en klaverjassen met de buren, verdenk ik hen er stiekem van dat ze het kamperen vooral zo zalig vinden vanwege de talloze excuses om niet te hoeven seksen. Ik ben bang dat de jaarlijks toenemende kampeerdriften van al die hoogopgeleide tweeverdieners bewijst hoe slecht het gesteld is met hun seksleven.

LIEF MEISJE VAN 11,

Geroerd las ik je brief in Achterwerk, op de achterkant van de vpro-gids. Je schrijft: 'Ik heb een vriendin en ik kan heel goed met haar opschieten. Ik noem haar nu vriendin 1. Ik heb nog een vriendin, die noem ik nu even vriendin 2. Ik vind haar heel aardig, maar zij vindt vriendin 1 niet aardig. (…) Als ik met vriendin 2 speel, voelt vriendin 1 zich heel erg buitengesloten, dan denkt ze dat ik haar in de steek laat. En dat wil ik helemaal niet! Maar als vriendin 1 mee wil doen met ons, zegt vriendin 2: "Nee, jij mag niet meedoen!" Vriendin 1 vraagt dan waarom niet en dan zegt vriendin 2: "Omdat jij anders bent dan de rest!" Het erge is, ik durf niet voor haar op te komen omdat vriendin 2 een heel groot groepje heeft: de hele klas min het groepje van vriendin 1. Dus ben ik bang dat ze mij ook gaan pesten. (…) Ik weet niet meer wat ik moet doen. Ik zit ertussen. Maar vriendin 2 is zo hip en zo cool en zo, en ik ben gewoon gewoon, en vriendin 1 is volgens vriendin 2 een trutje. Ik voel me ook schuldig omdat ik niet voor haar opkom! Heb jij dit ook meegemaakt, of heb je tips?'

Meisje van elf, *this is the story of my life*. Nooit was ik vriendin 1, en gelukkig ook nooit vriendin 2, maar ik ben mijn halve leven de vriendin ertussen geweest, zelfs pas geleden nog. Ik weet dus uit ervaring hoe zwaar, moeilijk en slopend het is om de tussenvriendin te zijn. En niet alleen ik, vele meisjes en vrouwen maken elkaar dagelijks het leven zuur door elkaar geen sprankje licht in de ogen te gunnen en hun energie liever in dit soort gekonkel te stoppen dan in, bijvoorbeeld, het halen van mooie cijfers op school, of het bouwen aan een mooie carrière. En het slechte nieuws is dat het alleen maar erger wordt. Nog een jaartje of twee, en er komen mannen in het spel. Dan wordt het pas echt lachen geblazen. Vriendin 2 stort zich vol overgave op de door jou zo begeerde jongemannen, terwijl jij druk bezig bent te voorkomen dat vriendin 1 anorexia krijgt, of aan de drugs gaat. Ze zullen ruzie met elkaar blíjven maken en jou daar gek over bellen, mailen en sms'en. Beiden zullen jouw loyaliteit eisen, maar nooit eens aan je vragen wat jíj nu allemaal vindt, voelt en denkt. Tot je het op een dag zelf niet eens meer weet en je je één groot vuilnisvat voelt, vol meningen van vriendin 1 over vriendin 2 en andersom. Laat het niet zover komen, meisje van elf! Neem het van mij, de ultieme tussenvriendin, aan. Als ik terugdenk aan die nachtenlange praatsessies, de jankpartijen op het damestoilet in de plaatselijke disco, de oeverloze telefoondiscussies, de liters drank en kilo's sigaretten die erbij genuttigd werden, dan denk ik: hoeveel leuke mannen had ik in die tijd kunnen verschalken? Hoeveel studies had ik kunnen voltooien? Hoeveel sporten had ik onder de knie kunnen krijgen als ik vriendin 1 en 2 op mijn elfde had gezegd dat ze op konden lazeren met hun gezeur?

Je vraagt om tips en ik kan je er slechts eentje geven, maar wel een heel belangrijke. En het is geen grapje, ik meen het bloedserieus. Het is iets waar ik zelf recentelijk achtergekomen ben, en dat is veel te laat. Ik heb dertig jaar vergooid aan dit zinloze, afgunstige geneuzel, voordat ik erachter kwam dat ik het zelf allemaal heb laten gebeuren. Ik wilde niets liever dan dat vriendin 1 en 2 mij én elkaar aardig vonden en ik geloofde erin dat alle onderlinge verschillen te overbruggen waren middels mijn vriendschap met hen. Ik papte en hield nat, streek alle plooien glad en daar was ik zo druk mee dat ik totaal voorbijging aan mezelf. Wat leverde het mij allemaal op, dat gepap en gestrijk? Niks. En lagen zij ooit wakker over mij? Nee, ze sliepen vredig, nadat ze bij mij hun ei hadden gelegd. Na flink wat van die nachten zonder slaap, realiseerde ik me ineens dat ik al jaren bezig was met leuk gevonden worden door twee vrouwen, die ik zelf eerlijk gezegd helemaal niet zo leuk meer vond. Sterker nog, ze kwamen mijn neus en oren uit met hun gejeremieer. Eigenlijk, bedacht ik me, ben ik niet geschikt voor dit soort vrouwengezeur. Zet mij tussen een stel kerels en ik heb een topavond, zonder dat ik daarna opgebeld word met de vraag wat vriend 1 bedoelde met zijn opmerking over vriend 2.

Dus mijn tip, meisje van elf, is: dump die twee misbaksels van vriendinnen, en zoek een leuke vriend om mee te spelen. Jij bent helemaal niet 'maar gewoon gewoon', je bent alleen geen 'vrouwen-vrouw'. Dat maakt je juist heel bijzonder en geloof me: met jongens valt er veel meer te lachen.

HUISHOUDEN ALS HYPE

Home Comforts, The Art & Science of Keeping House, de titel van een 884 pagina's tellend boek over jawel, het huishouden. Megabestseller in de vs, aanleiding voor vele 'celebs' om hun shrink de deur uit te doen en het soppen van de plee zelf ter hand te nemen. Want, zegt schrijfster Cheryl Mendelson, advocate en filosofe: 'Wie zijn eigen vuile werk doet – de matrassen regelmatig omdraait, de dekbedden lucht, zijn ijskast schoon en fris houdt – heeft geen psychiater meer nodig. Als je geestelijk gezond wilt blijven, dan moet je dat deel van je leven dat zo belangrijk is, je huiselijke leven, in eigen hand nemen. *Your home is your castle.'*

Mendelson is coming out, zoals ze zelf zegt in de eerste zin van haar boek: '*I am a working woman with a secret life: I keep house. (…) Until now, I have almost entirely concealed this passion for domesticity.*' En met haar biecht Bette Midler bij Oprah op dat ze zo graag poetst en sopt en bekent modeontwerper Issey Miyake dat hij een passie voor stofzuigen heeft.

Met angst en beven zie ik deze trend, die ook hier aan het opkomen is, tegemoet. Vriendinnen die nog geen half jaar geleden wel te porren waren voor een middagje lummelen in de stad, moeten nu ineens hun vloer van Amerikaans eiken in de witte was zetten. Laatst trof ik bij iemand een smerige scha-penvacht aan in de badkuip, die lag te weken, om vervolgens gekamd en gesponnen te worden, alvorens mijn vriendin er een mutsje van kon breien. Zelfgebakken taarten verschijnen plotseling op keukentafels bij kinderpartijtjes, sushi's worden niet meer afgehaald maar zelf gedraaid, pasta- en ijsmachines zijn felbegeerde verjaardagscadeautjes. Het huishouden mag dan weer leuk zijn, ik vind er geen ene donder aan. In mijn ogen bestaat er geen zinlozer taak dan het steeds weer schoon-maken van iets dat een dag later weer vies is.

Het succes van Mendelsons boek schuilt natuurlijk in de titel: wie het lef heeft het huishouden een kunst en zelfs een weten-schap te noemen, prikkelt de nieuwsgierigheid. Hadden we niet geleerd het huishouden een domme, geestdodende bezig-heid te vinden? Onze moeders zagen onze oma's ontevreden en ongelukkig in het huis sloven en dachten: dat gaat ons niet gebeuren. Ze werden gestimuleerd een echt vak te leren, zelf-standig te zijn, zich niet levenslang gevangen te laten zetten in de gouden kooi van de huisvrouw. Zij maakten de gefrustreer-de ambities van onze oma's waar en leerden ons hetzelfde. Wij werden geholpen met ons huiswerk, aangemoedigd te gaan studeren, te sporten, op reis te gaan en niet te vallen voor de eerste de beste sukkel, maar nooit brachten ze ons bij hoe we een bed op moesten maken. Wij weten niks van het huishou-den, behalve dan dat we dit uit kunnen besteden.

Dat uitbesteden wordt steeds moeilijker. Het dédain dat wij tentoonspreiden ten aanzien van huishoudelijk werk, heeft inmiddels ook onze werkster bereikt. Ook haar dochters gaan studeren en liever de IT in, dan met de stofdoek door onze hui-zen. En zodoende zitten wij tweeverdieners regelmatig met de

handen in het haar: waar halen we nu weer een interieurver-
zorgster vandaan? De vele kaartjes bij de supermarkt, de wan-
hopige oproepjes in de krant en de duizenden inschrijvingen
bij particuliere schoonmaakbedrijven duiden er op dat heel
Nederland gilt om schoonmaaksters. Nu zij het laten afweten,
moeten we zelf aan de slag. En om ons te motiveren de dweil
weer zelf op te pakken, laten we ons graag wijsmaken dat het
zelf-soppen weer helemaal in is.

Persoonlijk ben ik een 'door schuldgevoel gedreven huishoudster': ik heb altijd het gevoel dat ik ernstig tekortschiet.
Wanneer er iemand bij mij op bezoek komt, begin ik me al te
verontschuldigen als deze persoon net één voet over mijn
drempel heeft gezet. 'Let niet op de troep, tja die kinderen hè,
gek word je ervan, ik ben er nog niet aan toegekomen, het is
ook zo'n groot huis en dan die kat en die hond, ja als het nat is
buiten is het hier één modderzooi,' en zo ratel ik door terwijl ik
gegeneerd van alles aan de kant schuif en in mijn reeds volle
kasten slinger. Ineens zie ik mijn huis door de ogen van de be-
zoeker, realiseer ik me dat mijn ruiten vol vette vingers zitten
en dat de vloer al drie dagen niet gedweild is. Dit zijn de momenten waarop ik me voorneem me meer in mijn huis te verdiepen. Morgen ga ik orde in de chaos scheppen, het wordt tijd
dat ik een opgeruimde geest in een opgeruimd huis word. Orde dient hier aangebracht te worden, en de eerste stap is het
aanschaffen van hangmappen en papierlades. De tijd die ik
verspil aan zoeken en vloeken! Absurd gewoon. Systeem zal ik
aanbrengen, weg met de torenhoge stapels gebruiksaanwijzingen, rekeningen, persberichten, kaartjes, bakjes vol lege
batterijen, verlengsnoertjes, klosjes garen, lege pennen en ge-
boortekaartjes van kinderen die al pubers zijn.

Morgen breekt aan en goed gemutst begin ik aan het betere opruimwerk, te beginnen in mijn kantoor. Ik gooi alles op de grond en maak stapeltjes: nog te betalen, reeds betaald, gebruiksaanwijzingen, dit kan weg, te bewaren visitekaartjes, zinloos maar leuk en na drie uur sorteren ben ik de weg kwijt. Wat kon ook alweer weg? Ik vind oude foto's en verlies mezelf in de deprimerende gedachte dat ik ooit een spannend leven leidde. De bedoeling was een einde te maken aan de chaos maar in plaats daarvan wordt die alleen maar groter. De vloer ligt bezaaid met papieren, oude reisgidsen, elf jaargangen tijdschriften waarvan ik er niet één kan weggooien, het is bijna halfzes, de kinderen zijn moe en hongerig en ik heb nog geen boodschap gedaan! En zo verval ik weer in mijn oude gewoonte van paniekvoetbal, gestrest naar de supermarkt rennen zonder boodschappenlijstje, een maaltijd in mekaar flansen waarvan de kinderen toch roepen 'Getver!' en hijgend van stress neerploffen als het kroost eenmaal in bed ligt. De avond ligt voor me. Ik kan mijn kantoor in alle rust op orde brengen. De berg strijkgoed wegwerken. Of lekker met een glas wijn mijn vriendin bellen.

Mijn keuze voor het laatste resulteert in schuldgevoel als mijn hoofd eenmaal mijn kussen raakt. Wanneer is dit bed voor het laatst verschoond? Wat ben ik toch een lui, lethargisch wezen dat altijd achter de dingen aan rent, niet in staat één ding goed te doen. Trouwens, waarom steekt M. niet eens een poot uit? Waarom moet ík alles doen? Het hardop stellen van deze vragen resulteert in slaande ruzie en een slapeloze nacht.

Het frisse ochtendgloren brengt nieuwe impulsen met zich mee. Ik geef niet op. Ik wil een schoon en opgeruimd huis, voor altijd. Ik wil een ander, geordend leven zonder stress, nooit meer uitglijden over een Pokémon-kaart. Ik wil kinderen die binnen hun schoenen uittrekken en zelf hun speelgoed opruimen. Mijn vriendin wast het Lego elke week en dat ga ik ook doen, na het ontbijt.

Ik begin bij het begin, de echte schoonmaak. Eerst moet er orde aangebracht worden, kamer voor kamer. En orde creëer ik door weg te gooien. Alle kasten leeg. Om te beginnen de ijskast waarin ik zeven halfvolle potjes augurken, drie tubes opgedroogde tomatenpuree, een strip zetpillen, een zakje zwaar beschimmelde rode pepers en elf (!) potten Nachos-dipsaus aantref.

Heerlijk, om ruimte te maken door weg te smijten en er eindelijk achter te komen wat mijn ijskast zo deed stinken: een korst boerenbrie achter de pot Griekse olijven met als uiterste verkoopdatum 13-03-01. Ik ontdooi de vriezer en vind een verloren gewaande zak kipkluiven. Ik verwijder blokken ijs en een ontploft bierflesje. (Als M. niet tevreden is over de temperatuur van zijn biertje, legt hij het in de vriezer en vergeet hij het. Het flesje bevriest, het bier zet uit, de fles barst en zodoende is het ijs in mijn vriezer vooral bevroren bier, met als gevolg dat mijn hele keuken nu ruikt naar de kroeg.)

Rond lunchtijd staat de keukenvloer blank, vinden de kinderen het allang niet meer leuk om te helpen met keukenkastjes soppen en mompelt M. dat het er nog niet echt schoner op wordt. De hond loopt de emmer Lego om en ik kan alleen nog maar krijsen. 'Ik ben hier de enige die af en toe nog wat doet in huis! Jullie kunnen alleen maar troep maken en ik gooi alles weg! Alles! Alles! Alles! Jullie denken zeker dat mamma er alleen maar is om jullie rotzooi op te ruimen hè? Niemand, maar dan ook niemand komt de keuken nog in! Wegwezen!' Ik gil net zo lang tot mijn gezin bedremmeld achter de drempel staat en de aftocht blaast.

Ik leef in een *general air of disorganisation*. Mijn kinderen lopen over me heen, met bemodderde laarzen, mijn hond ligt met een blik vol minachting op mijn bank, mijn man laat elke keer weer respectloos de bril van de plee omhoog staan en het wordt nooit wat met ons.

Als een magneet trek ik troep naar me toe. Waar ik verschijn, verschijnen enkele sokken, snoeppapiertjes, bierdoppen, vuile asbakken, lege pindadoppen en kattenharen. Zet ik een bos bloemen in het water, dan vallen de blaadjes er onmiddellijk af, ga ik tuinieren dan schiet het onkruid onder mijn handen uit de grond, lap ik een raam dan kun je er daarna niet meer doorheen kijken. De vogels vliegen een rondje om, om op mijn auto te kunnen poepen, roest rust niet totdat het mijn fiets gevonden heeft. En het ergste van dit alles is dat ook mijn kinderen met dit magneten-gen behept zijn. Waar zij lopen liggen chips, zand en hele plassen limonadesiroop. Hier kan geen huishoudster tegenop werken. Wij zijn gedoemd ons leven te slijten te midden van rotzooi. Lieve God, hoe moet dat nou, hoe blijf ik geestelijk gezond nu blijkt dat ik werkelijk geen spatje talent heb op het huishoudelijk front?

Goddank komt mijn werkster. Zij ziet en overwint. Reinigt mijn combi-oven met echte spierkracht, zonder er een bus Muscle-power in te spuiten. Gootstenen ontstoppen spontaan, kranen glimmen van liefde, vloeren glanzen van geluk wanneer zij langszweeft. 'Schoonmaken,' zegt de lieve schat, 'daar moet je ook talent voor hebben. Dat leer je niet uit een boekje. Ik vind het zalig om te doen. Ik maak mensen blij en hun huizen ook. Ga jij nou maar schrijven, en laat mij de keuken maar doen.' Ik wil haar kussen. Huizenhoog respect en bewondering heb ik voor haar en voor haar wijsheden. Zoals: 'Zo ben jij nu eenmaal: een rommelkont. Maak je niet zo druk en ga doen waar je wel goed in bent.' Zij ligt dubbel als ik fantaseer over een Amerikaans eiken vloer. 'Doe normaal zeg. Een klodder spaghettisaus en hij is naar de maan.' Maar haar beste en meest troostende wijsheid, haar ingegeven door jarenlange ervaring bij tientallen stellen en gezinnen is de volgende: 'Kijk, ik zeg altijd maar zo, die hele schone mensen, die elk hoekje en plintje willen zien blinken, die zijn niet te vertrouwen. Hebben iets te verbergen, geloof me nou maar. Jij hebt geen geheimen, bij jou is iedereen welkom en alles mag. Zo moet je dat zien.'

Ik heb haar gezegd dat ze een boek moet gaan schrijven.

ROKEN

In de rij voor de kassa van de supermarktketen die zegt op de kleintjes te letten en ze tegelijkertijd berooft van hun spaarcenten, sta ik achter een prachtige vrouw. Weelderig opgestoken blonde lokken, kek spijkerjasje, gipsy rokje en haar gladde bruine benen gestoken in roze muiltjes met hakken die de achillespees teisteren. In haar karretje ligt een fles mineraalwater, een zakje voorgesneden sla, drie trostomaten en een pak tofu. Gezond type dus, zo op het eerste gezicht. In elk geval iemand die er alles aan doet om er perfect, fris, slank en stralend uit te zien en die, om dit doel te bereiken, ook de hairextensioner en de plastisch chirurg niet mijdt. Deze vrouw investeert overduidelijk al haar tijd en geld in haar verschijning en daarom bevreemdt het me zo dat ze stinkt. Ze verspreidt, naast een zware Muglér-walm, een haast ondraaglijke zure, muffe lucht, die drie karretjes verderop nog te ruiken is. Ik vraag me af of de vrouw weet dat ze riekt naar een trijpen kleedje uit een aftandse LPF-vergaderzaal. Waarschijnlijk niet. Dan zou ze er niet zo glanzend van zelfgenoegzaamheid bijstaan.

Haar mobieltje gaat. Ze haalt het zilveren gevalletje uit haar franjetasje, knikt wat bevallig door haar heupen en hijgt zwoel haar naam in de telefoon.

'Met Anja. Haai.'

De geur neemt toe en doet denken aan plastic bekertjes oude automatenkoffie, waarin halfopgerookte sjekkies drijven. Ze beklaagt zich over de stokkende kassarij en belooft haar geliefde een paar pakjes Smooth & Light mee te nemen. Een understatement voor de walmen die ze uitslaat. Ook ik heb me jarenlang suf gepaft aan de S&L, mezelf wijsmakend dat deze lichte stinkstokken weinig met roken te maken hadden. Nu realiseer ik me met een schok dat ik, ondanks de termen Smooth & Light, al die jaren net zo gestonken heb als Anja. Dat er mensen achter en voor me hebben gestaan die snakten naar frisse lucht, dat ik al die tijd mijn omgeving heb bedwelmd met de ranzige tabakslucht die uit mijn poriën kwam, dat alles aan mij rook naar sigaarrokende opa's en vadsige dartende cafébezoekers. Ik heb mensen gekust die terugdeinsden voor mijn lucht, ik heb tegen ze gesproken terwijl zij dachten: houd die asbak van je alsjeblieft dicht. En terwijl ik meurde als een kettingrokende manisch depressieve dakloze, maakte ik me druk om het kwabje dat over mijn spijkerbroek hing en of mijn heupbroek wel heup genoeg was. Ik investeerde hele maandsalarissen in de juiste puntlaarzen, watergevulde beha's en gehighlighte haren, smeerde godsvermogens op mijn dijen in de hoop dat ze er strakker van werden, sportte tot ik blauw zag om een beetje toonbaar boven die heupbroek uit te torenen, rookte me ongans om vooral maatje 38 te behouden en waarvoor? Wie begeert er nu een lijf dat, al is het nog zo perfect, riekt naar een tochtig portiek in een afbraakbuurt? Wie hangt er aan rood gestifte lippen waaruit de geur van een ranzige snackbar ontsnapt? Waar slaat het op, om maar te blijven meuren uit angst voor een paar kilo meer?

Met terugwerkende kracht schaam ik me voor de odeur die ik als roker heb verspreid en voel ik de neiging opkomen om alsnog al mijn niet-rokende vrienden op te bellen en mijn excuses aan te bieden voor het feit dat ik met mijn asbak over hun pasgeboren baby heb gehangen, hun keuken week in week uit de lucht van een rookcoupé heb gegeven en hun kleren met mijn neurotische walmen heb vervuild.

Voor me rekent Anja drie pakjes af waarop de vreselijke teksten staan die mij de lust in het roken hebben ontnomen. Hadden ze er in koeienletters opgezet: U STINKT ONDRAGELIJK UIT UW MOND of U VERSPREIDT RANZIGE LUCHTEN IN EEN STRAAL VAN DRIE METER, dan was ik veel eerder gestopt.

DE HEUPBROEK

Begin dit jaar dacht ik nog: het waait wel weer over. Als die graatmagere grietjes het gesjor en gehijs aan hun broek zat zijn, verdwijnt-ie wel weer uit de schappen. Maar nee hoor. Het is oktober, hoog tijd voor de aanschaf van een nieuwe wintergarderobe en de heupbroek ligt er nog steeds, zelfs nog lager dan hij begin januari was. En zij die het kunnen weten, trendwatchers en mode-inkopers en zestienjarige verkoopsters, noemen het zelfs 'een must'.

'Nou, nou, een must,' zeg ik nog tegen de verkoopster, bij wie ik een gewone spijkerbroek wil kopen. 'Ik vind het niks. Ik wil gewoon een broek die over mijn navel valt.' De verkoopster zucht dat ze die niet heeft. De broek van nu valt onder de navel. Punt uit. En waar doe ik moeilijk over, ik heb toch helemaal geen buik? Ze dirigeert mij naar het pashok. 'Je ken het best hebben, doe nou maar an.'

Dus prop ik mezelf in de broek die ik dichtknoop tot net boven mijn schaamhaar. Ik vraag me af wat voor onderbroek je hieronder moet dragen. In elk geval geen lekkere warme Sloggi.

Een klein randje buik flubbert vrolijk boven de broek uit. 'Peffect. Helemaal goed toch?' kraait de verkoopster en ik draai nog eens rond voor de spiegel. 'Nou, ik weet niet,' mompel ik en ik aai wat over mijn zachte buikvel, slap en dun door het baren van twee kinderen. Ik kijk naar mijn kont, ga een beetje door mijn knieën en ja hoor, de bilspleet piept eruit. De verkoopster ziet mijn ontstelde blik en gaat naast me staan. 'Kijk,' zegt ze en trekt een knalroze string boven de achterkant van haar heupbroek uit. Ze duwt het geval weer terug. 'Die moet eronder. Of niks.' Samen kijken we nog maar eens in de spiegel. 'Ik krijg er zulke korte beentjes in,' protesteer ik voorzichtig. 'Hakken d'r onder,' zegt ze. 'Stilettolaarsjes. Helemaal eighties.' Tja. Vertel mij wat over eighties en stilettolaarsjes. I've been there. 'Is dat ook een must?' vraag ik, en de verkoopster knikt vastberaden.

Ik trek mijn eigen kleren weer aan en meld dat ik toch nog even verder wil kijken. Naar een spijkerbroek over de navel. 'Ken je vergeten. Is allemaal heup,' drukt ze me nog op het hart.

En ze krijgt gelijk. Wanhopig zoek ik stad en land af naar een mooie spijkerbroek die mijn billen bedekt, mijn buik warm houdt en mijn benen langer doet lijken, maar het is een mission impossible. 'Ja, de buik is het helemaal,' beweert een zonnebankbruine verkoper terwijl hij de broek, die ik zover mogelijk over mijn buik heb getrokken, weer naar beneden sjort. 'Geeft niks hoor, een klein buikje. Mag. Is wel lekker zelfs. Heel vrouwelijk. Heel warm.' Maar het is helemaal niet warm. Het is koud en tochtig. En vrouwelijk is het al helemaal niet. Met zo'n bouwvakkersspleet van achteren.

'Buikspieroefeningen!' roept een hoogblonde winkeljuf net als ik het pashok weer in wil schieten met een afzakkende heupbroek. 'Ja, meiden, we moeten wel! Hoge truitjes, lage broeken. Er is geen ontkomen meer aan!'

Steeds woester word ik. Geen ontkomen meer aan! Hoezo? De tijd dat ik mode als must beschouwde, heb ik echt gehad. Ik heb wat afgefietst in korte strakke rokjes, mijn benen blauw en mijn tenen rood gezwollen na nachtenlang gedans op stiletto-laarsjes. Ik was een modemartelaar en wat leverde dat me op? Chronische blaasontsteking.

Aan mijn buik dus geen polonaise meer. Zij wordt beschermd en gekoesterd. Ze heeft goed werk verricht en wil nu ongestoord uitbuiken.

DE SCHEIDING DER SEKSEN

We hebben een feestje. Bij vrienden thuis. In een prachtig huis, sober en modern ingericht, met open keuken en knetterende haard. Zo'n feestje waarbij de mannen rond het kookeiland in de keuken staan, en aan de tap een wedstrijdje doen wie het hardst roept, terwijl hun vrouwen zich aan de andere kant van de ruimte bevinden, doorgaans op de bank bij de haard, anekdotes uitwisselend over de kinderen en de laatste lijnpogingen.

Ik houd niet zo van die scheiding der seksen. Het lijkt wel een Arabische bruiloft: de mannen in de mannentent, de vrouwen in de vrouwentent. Maar ik wil geen spelbreker zijn, dus, terwijl mijn M. zich handenschuddend en schouderklappend tussen de kerels mengt, neem ik kussend mijn plaats in op de bank. Wonderlijk toch, dat al deze intelligente vrouwen het over niets anders kunnen hebben dan nieuwe laarzen en het verbouwen van hun huizen. Ik verveel me per direct en gluur reikhalzend richting het kookeiland waarvandaan zo nu en dan een daverend lachsalvo klinkt. De heren strijden nu om het hoogste woord.

Onder het mom van sanitaire stop sluip ik de mannentent in. Bekijk het maar, denk ik, ik ben uitgekeuveld over de nieuwe rode lippenstift van Dior, ik wil weten wat er te lachen valt en ik heb wel wat meer te melden dan waar we deze zomervakantie naar toe gaan. Maar zodra ik met een biertje in de hand tussen de mannen kruip, voelt het als verraad. Verraad aan de vrouwentent. Vrouwen, zeker met een trouwring om, horen solidair te zijn met elkaar. Vrouwen praten met vrouwen en mannen met mannen, zo is het altijd geweest en zo zal het altijd blijven. Het is een ongeschreven wet, waar vijftig jaar feminisme nog geen centimeter verandering in heeft gebracht. De vrouw die deze code doorbreekt, is op iets uit. Op de aandacht van de mannen. En mannen zijn voor vrouwen met een trouwring om verboden terrein. Niemand zegt het, maar zo is het. Wij vrouwen dienen bij elkaar te blijven zitten om te praten over en te letten op vrouwen die deze magische grenzen wel durven te overschrijden. Zo hebben we dit stilzwijgend afgesproken. Dus wanneer ik de mannentent betreed, prikken achterdochtige blikken in mijn rug en hoor ik in mijn hoofd de kwade tongen al ratelen: moet je haar zien, volgens mij is ze dikker geworden, die rok, geen gezicht, waarom dringt ze zich toch altijd zo aan die mannen op?

Maar ik doe het toch. Wellicht gestuurd door een teveel aan testosteron, maar ik vind het nu eenmaal leuker tussen de mannen. Achter hun vragen schuilt geen dubbele agenda, zij geven geen zier om een vetrol meer of minder, ze graaien gewoon gulzig naar de hapjes zonder dat ze dit ervaren als zondig en ze vertellen nooit iets door, simpelweg omdat alle informatie bij hen het ene oor in en het andere oor weer uitgaat. Vraag een man waar hij het de hele avond over heeft gehad en hij mompelt: 'Oh, nergens over,' al heeft hij alle scheidingsperikelen van zijn beste vriend aan zitten horen. Het zijn ook niet de mannen die de scheiding der seksen hebben bedacht, ze verbazen zich er zelfs over dat wij vrouwen altijd maar bij elkaar kruipen. 'Waar hebben jullie het allemaal over?' vragen ze me in hun tent en ik zie in hun ogen het vermoeden dat wij allerlei interessante en bij voorkeur erotische intimiteiten uitwisselen. Ik kan nu toch moeilijk antwoorden dat de laatste conversatie over de tanden en de poep van onze kleinsten ging, en dat de discussie nu waarschijnlijk gaat over Botox, vermoedelijk gelardeerd met wat roddels over ondergetekende. Het lijkt me het meest solidaire om de illusie over onze vrouwengeheimen bij de heren in stand te houden en als een kerel te antwoorden: 'Oh, helemaal nergens over.'

PIPPI

Het schijnt een nieuwe trend te zijn: geef de Pippi Langkous in jezelf de ruimte. Steeds meer vrouwen gaan vrolijk springend door het leven, al zijn ze inmiddels dertig en zouden ze allang volwassen moeten zijn. Deze vrouwen doen hun eigen zin, dromen van grootse daden en gaan dwars tegen de heersende conventies in.

Ik groeide op met Pippi als voorbeeld, vooral omdat mijn moeder, zelf een Pippi avant la lettre, dit zo aanmoedigde. Ik moest Pippi kijken. Pippi Langkous was pedagogisch en 'emancipatoir verantwoord'. Ze was het eerste sterke, brutale, zelfstandige, heldhaftige rolmodel voor meisjes en daardoor verplichte kost voor iedere dochter van een zich emanciperende moeder. (Zelf keek ik liever naar *De vrouw van zes miljoen* en *Charlie's Angels* maar dat vond mijn moeder commerciële, Amerikaanse rommel waarin vrouwen ronddartelden als lustobjecten en ze verbood mij hiernaar te kijken.)

Helaas voor mijn moeder vond ik Pippi Langkous helemaal niet zo'n leuk voorbeeld. Sterker nog, ik vond haar zielig. Ik wilde helemaal geen Pippi zijn en niet in de laatste plaats omdat twee van die stijve vlechten aan je hoofd me hoogst irritant leek. Ik lag 's nachts wakker van Pippi. Zoals ze daar helemaal alleen woonde, in die spookachtige Villa Kakelbont, bedreigd door boeven, terwijl haar moeder dood was en haar vader haar in de steek had gelaten om op zee te roven. Hij had haar dan wel een koffer vol gouden dukaten nagelaten, maar wat kocht ze daarvoor? Het maakte het bestaan van Pippi alleen maar onveiliger. Als klein meisje zag ik al haarscherp waarom Pippi zo bijdehand en onaangepast was. Het was één grote schreeuw om aandacht en liefde. Tommy en Annika waren dan wel suf, saai en bang, ze hadden thuis wel een lieve pappa en mamma en Pippi kwam maar wat graag taartjes eten en zich verwarmen aan het huiselijke geluk van haar vriendjes.

Pippi belichaamde voor mij mijn grootste angst: dat mijn ouders me zouden verlaten door dood of scheiding en ik het alleen moest zien te rooien. Niet vreemd als je bedenkt dat destijds scheidingen aan de orde van de dag waren en de ene na de andere moeder in de buurt ineens in de schuur ging wonen om zichzelf te ontdekken. Ik bad iedere nacht dat ons gezin een doodgewoon Tommy en Annika-gezinnetje zou blijven en ik nooit zo eenzaam zou worden als Pippi en een aantal van mijn toenmalige vriendinnen.

Ik betwijfel dus of het een positieve ontwikkeling is dat de Pippi's de wereld veroveren. Ik bezie de Pippi's en heb met ze te doen, net zoals vroeger met de echte. Ze zijn als die mannen die vandaag de dag nog rondlopen in een T-shirt van Grateful Dead, waarover een armetierig staartje grijs haar hangt. Niet van deze wereld. Blijven steken in de mooiste tijd van hun leven, niet in staat om er daarna ook nog iets van te maken. *Get real!* zou ik samen met dr. Phil willen roepen. We hebben dat gegil om aandacht nu lang genoeg aangehoord, ga nu de Tommy's en de Annika's helpen iets van deze wereld te maken. Je kunt niet luchtig zijn en wel serieus genomen willen worden. Zeker niet als je halverwege de dertig nog steeds loopt te zingen dat drie plus drie negen is.

PISPAAL

Ik bezoek niet vaak een evenement. Evenementen kunnen mij gestolen worden. Ze maken me depressief. Een groot of klein evenement, het maakt niet uit. Een braderie in ons dorp, Culinair Plaza in de naburige stad, de Uitmarkt, Home & Garden Fair of Pinkpop, ik vind het allemaal even verschrikkelijk. Als ik naar een evenement ga, brokkelt er telkens weer een stukje van mijn vertrouwen in de beschaving af. De mens blijkt een vretend, zuipend, afvalproducerend monster. Het onvermogen te genieten, de apathische gelaatsuitdrukkingen waarmee men langs beenhamhutten, droogkranskramen, stroopwafelstands, condoomcorners, softijs-iglo's en overige wegwerpwaar slentert. En dat is nog niet het ergste. Het ergste is dat al die duizenden mensen die zich lopen vol te proppen, deze consumpties ook weer ergens moeten lozen. Hetgeen vooral de heren bij voorkeur gezamenlijk en in het openbaar doen. Urineren verbroedert, zoiets. Vooral mannen die nauwelijks in staat zijn tot enige intimiteit, laten op de kermis, na een popconcert of voetbalwedstrijd ongegeneerd de broek zakken naast andere mannen. Zo wordt elke massabeleving versierd door een hele slinger kerels die gehoor geven aan de roep van hun mannelijke hormonen hun sporen uit te zetten en die van andere reutjes uit te wissen. En laten we eerlijk zijn, er is toch niets mannelijks aan een pissende man? Zoals hij daar staat, ingezakt, met hangend hoofd, broek halverwege de billen, sta-rend naar zijn pieletje. Ik vind het ontluisterend laag.

Daarom blijf ik doorgaans ver uit de buurt van zo'n 'bele-ving', tenzij er iets is wat ik dermate de moeite waard vind, dat ik de ranzige hamburger- en pisluchten en het waden door bierdrab voor lief neem. Wat vandaag het geval is. Ik betaalde 75 gulden om mijn favoriete band live te horen. Laat me niet uit het veld slaan door files en het uitglijden over een halfver-orberde curryworst. Ben zelfs aangenaam verrast door een nieuw evenementenfenomeen: de wandelende tap. Het bier komt naar je toe tegenwoordig. Ik laat me een aantal keren lek-ker bijtappen en het duurt dan ook niet lang of ik moet ver-schrikkelijk nodig. Tezamen met nog zo'n vijftienduizend concertbezoekers. Ik sluit aan bij de lange rij zwijgende, lijd-zaam kijkende vrouwen in afwachting van de verlossing, als mijn oog op iets wonderlijks valt: een groepje mannen staat met het hoofd gebogen en de handen voor hun kruis in aan-bidding rond een soort totempaal. Even denk ik dat het hier een meditatieclubje betreft, echte fans die zich broederlijk voorbereiden op wat komen gaat. Dan lees ik de tekst die verti-caal op het groene ding gedrukt staat: PISPAAL. De heren staan te pissen. Tegen een paal waaraan zes urinoirs hangen. Zij pis-sen temidden van duizenden anderen. Niet aan het oog ont-trokken door een scherm, maar te midden van de dansende concertgangers. En niemand kijkt ervan op. Ik sta à raison van 75 gulden naar een concert in een openbaar toilet te kijken.

Nog even en de wandelende taps worden begeleid door wandelende urinoirs. Dan hoeft geen man meer van zijn plek. Wat er boven ingaat, kan er van onderen meteen weer uit. Mijn God, wat staat ons nog meer te wachten? Een wip-express? De braakbalg? Een schijtbak? Gaan wij vrouwen straks met ons plasgootje ook bij de pispaal staan? Leggen we ons werkelijk neer bij het gebrek aan zelfbeheersing van de man, door aan zijn primitieve behoeftes tegemoet te komen en zijn gezeik te reguleren? Ons land is al één grote pisbak. Langs de snelweg, rond de kerk, in bos en duin, aan de grachten, in elk steegje en hoekje van de stad staan heren te urineren. We kijken er niet meer van op of om. Waarom zouden we onze zoontjes eigenlijk nog Pampers omdoen?

Ik wil keiharde actie tegen de pispaal en het openbaar urineren, tegen de uitverkoop van onze beschaving. Opblazen die dingen, inrekenen die zeikerds. Wijs iedere vent die in het openbaar zijn gulp openknoopt, af. Onmiddellijk scheiding aanvragen als hij de boel langs de weg buitenboord hangt. Dumpen, die onbeschaamde vlerk. Jaag de man en zijn jongeheer weer terug naar het urinoir en laat hem de deur achter zich dicht doen.

DE MAN:
HET NIEUWE SLACHTOFFER?

Is de Nieuwe Man zielig? Je zou het haast gaan denken door die hausse aan media-aandacht. Onwel is hij door zijn werkende vrouw, depressief omdat hij de combinatie werk en zorg niet meer aankan, impotent omdat wij zoveel eisen aan hem stellen. Terwijl hij op zoek is naar zijn mannelijkheid in een indiaanse zweethut, zouden wij vrouwen hem op alle fronten inhalen. Niets is echter minder waar. Mannen doen het nog altijd beter.

'Man in de war', 'Vader onwel' of 'De Mietjesmaatschappij'. Wonderlijke kreten boven zorgwekkende artikelen waarin beweerd wordt dat de man het niet meer weet. Moet hij nou meezorgen of beleggen, aaien of bruut nemen, luisteren of met de vuist op tafel slaan? Pakt hij een keer het duizend-dingen-doekje om het fornuis af te nemen, doet hij het niet grondig genoeg. Gaat hij een keer door de knieën om de plee een beurt te geven, vinden wij hem weer niet sexy. *Was will das Weib*?

Volgens relatiebemiddelaarster Annelies Penning, in het *Nieuwsblad van het Noorden*, willen wij: 'Een echte vent. Die langer is, meer verdient, sportief is, wel voor de kinderen zorgt, maar absoluut geen huisman mag worden.' En zo is het. Wij vrouwen willen een man uit één stuk. Een man die weet wie hij is en wat hij wil en daar verder niet over tobt. Maar dat schijnt voor de man allemaal niet meer zo eenvoudig te zijn. Stellen wij zulke hoge eisen aan de man? Welnee, geen hogere dan hij aan ons stelt. Wij willen volgens een onderzoek van *Marie Claire*, uitgevoerd door Carl Rhode, 'een zorgzame man die mannelijke en vrouwelijke eigenschappen weet te combineren.' En hij moet 'een beest in bed zijn'. Lijkt me dat mannen in hun wensdromen hetzelfde van een vrouw willen.

Is die 'echte vent' een bedreigde soort? Je zou het bijna gaan geloven, gezien de media-aandacht voor de hedendaagse gefrustreerde man. 'Het nieuwe zwakke geslacht' wordt hij genoemd in *The Economist*. Edie Weiner, Amerikaans onderzoekster, betoogde op een congres voor zakenvrouwen dat vrouwelijke eigenschappen als creativiteit, flexibiliteit en inventiviteit steeds belangrijker zullen gaan worden in het bedrijfsleven. Belangrijker dan de traditioneel mannelijke eigenschappen als competitiedrang, doelgerichtheid en agressiviteit.

Het nieuwste onderzoek van 's lands meest geïnterviewde mannendeskundige Vincent Duindam concludeert dat de hedendaagse vader onwel wordt van zijn werkende vrouw. Als de moeder meer dan 32 uur werkt, gaat het met zijn gezondheid bergafwaarts. Hij wordt zelfs alleen al depressief van de gedachte dat zijn vrouw vier dagen per week afwezig zou zijn. Niet omdat hij dan alleen voor de verzorging van de kinderen opdraait, maar omdat zíjn verzorging dan in het gedrang zou komen.

Onwel, het woord alleen al. Ik zie de Nieuwe Vader voor me, à la Eline Vere met één hand op het voorhoofd, de ogen gesloten en met een bleek bekkie op de bank. Omringd door krijsende kinderen, bergen Lego, bespuugd met babykots. Moeder belt, hij vindt de telefoon onder de krant die hij nog steeds niet heeft kunnen lezen. Ze staat in de file. Zij wel. Of hij het eten alvast op wil zetten. Ook dat nog. Hier had hij niet aan gedacht, toen ze besloten een gezin te stichten en hij, verliefd en opgewonden als hij toen nog was, spontaan 'natuurlijk' antwoordde op haar voorstel de zorg voor het kind te delen.

Bij veelvuldige afwezigheid van zijn vrouw voelt hij zich sneller moe en heeft hij 's ochtends al geen zin meer in de dag. Ah gut. Doet me denken aan mijn opa, die, wanneer mijn oma een dagje uit winkelen ging, het presteerde om wanneer zij 's avonds thuiskwam, nog steeds in dezelfde stoel in het donker te zitten mokken met een fles jenever. Dat was twintig jaar geleden, maar de man heeft zich blijkbaar nauwelijks vernieuwd. Met als gevolg dat de grootste zorg van de werkende moeder niet het kind is, maar haar echtgenoot. Menige promotie van mams is verhinderd door een plotsklaps opkomende depressie van paps. Niks glazen plafond, manlief staat de carrière van de vrouw in de weg. Hij zal net zo lang zeuren en mokken en relatiecrises veroorzaken totdat zijn vrouw er maar vanaf ziet.

Gebeurt dit omdat hij niet voor zichzelf kan zorgen? Moeten wíj hem leren 'het voor zichzelf gezellig te maken'? Lijkt me dat de meeste mannen hierin ooit uitstekend slaagden toen ze nog als vrijgezel door het leven stapten. Het was misschien niet spik en span op hun kamertjes en ze aten wellicht niet dagelijks volgens de schijf van vijf, maar 'onwel' heb ik single mannen nooit aangetroffen, behalve dan misschien van de drank.

Er zit iets anders achter. De man kan juist uitstekend voor zichzelf zorgen. Veel beter zelfs dan de vrouw. Heeft een man ouderschapsverlof, dan besteedt hij deze extra vrije tijd aan zijn hobby's of het opzetten van een eigen bedrijf. Ik hoor vrouwen klagen over echtgenoten die hun atv-middagen en vrije weekeinden doorbrengen op golfbaan of tennisveld, terwijl moeder haar vrije uren gestrest door de supermarkt beent, met twee zeurende kinderen. Overlegt de man wanneer het zorgschema tijd toelaat voor sport? Welnee, hij gaat gewoon. Met werkende moeders daarentegen is moeilijk iets af te spreken, want tijd voor zichzelf nemen ze maar zelden.

Het probleem is niet dat de man slecht voor zichzelf zorgt, maar dat hij van ons niet de gelegenheid krijgt te leren voor zijn kinderen te zorgen. Wij geven hem het gevoel een sukkel te zijn als hij per ongeluk een pak Pampers for Girls koopt voor zijn zoon, of zijn dochter op een regenachtige middag in haar zomerjurk naar school laat gaan. En pragmatisch als hij is, concludeert hij na onophoudelijk op zijn vingers getikt te zijn: oké, dan doe je het toch lekker zelf. Ik ga mountainbiken.

Ook in Engeland gaan de mannen zwaar gebukt onder de carrière van hun vrouw. Ze worden depressief van de klachten over haar werk, die zij 's avonds over de eettafel uitstort, blijkt uit onderzoek. De man leeft zo mee met het tobberige bestaan van zijn vrouw dat hij naar de Prozac en slaapmiddelen grijpt omdat hij het anders niet meer aankan. Leeft hij werkelijk zo mee? Of wordt hij gewoon gek van het gezeur en geklaag, van onze besluiteloosheid en onze neiging alle twijfels en ongerief altijd maar te willen delen?

Eenzaam en onbegrepen. Miskend en in de steek gelaten. Geestelijk gecastreerd door de ambities van zijn vrouw. *HP/De Tijd, de Volkskrant*, ELLE, ze blijven maar signaleren dat het met de man bergafwaarts gaat. En toch ben ik nog nooit 'een man in de war' tegengekomen. Heb ik nog nooit een man horen zuchten dat hij zijn identiteit kwijt is, noch horen klagen dat hij zich onwel voelt wanneer hij de kinderen een dagje doet. Vincent Duindam zei onlangs tijdens een paneldiscussie over vrouwen in Nederland: 'Zat de man maar meer in een crisis. Dat zou betekenen dat ook hij voelt dat hij zal moeten veranderen. Maar zijn vrouw houdt hem nog steeds de hand boven het hoofd.'

De man heeft niets te vrezen. Sterker nog, het zijn gouden tijden voor hem. Carrière maken is nooit eenvoudiger geweest dan nu. De werkvloer is er alleen maar gezelliger en spannender op geworden nu er ook (voornamelijk parttime) werkende vrouwen rondlopen. Hij kan ouderschapsverlof opnemen als hij daar zin in heeft en heeft hij dat niet dan heeft hij daar ook een fantastisch excuus voor: hij verdient tenslotte het meest. In het huishouden hoeft hij nog steeds weinig te doen, want wij vinden toch dat hij het niet goed doet. En als hij dan eens met de *easywalker* het park ingaat wordt hij bewonderend en vertederd nagekeken. Het vaderschap heeft een geweldig positieve invloed op zijn aantrekkingskracht.

Vraag het, op de man af, of hij zich bedreigd voelt door de opmars van vrouwen en hij zal lachend zijn hoofd schudden. Welke opmars? Driekwart van de vrouwen in Nederland is nog steeds economisch afhankelijk van haar man. In gezinnen met kinderen onder de twaalf jaar werken de vrouwen volgens het SCP gemiddeld dertien en de mannen gemiddeld tweeënvijftig uur! Er mogen dan meer studentes dan studenten rondlopen op de universiteit, als ze eenmaal afgestudeerd zijn, verdwijnen de meeste vrouwelijke doctorandussen in deeltijdbaantjes of de WAO. Ga doordeweeks een dagje winkelen en je ziet uitsluitend vrouwen. Op het schoolplein: vrouwen. Bij de zwemles, voetbaltraining, creatieve markt op school, consultatiebureau: vrouwen. Waar zijn die Nieuwe

Mannen? Kijk maar eens om je heen als je rond de spits in de file staat: mannen. Zie wat de treinen afleveren rond halfnegen op elk treinstation: hordes grijze pakken. Zet de tv aan en ga zappen: van de dertig kanalen wordt er driekwart vol gezwetst door mannen, terwijl op het overige kwart halfnaakte, zingende Barbies te zien zijn. Niks mietjesmaatschappij: de man betaalt en bepaalt nog steeds.

Hij gaat meer werken als er kinderen komen, wij minder. Wij vinden het al heel wat dat we halfverdieners zijn. In theorie onafhankelijk, maar in de praktijk niet. Zelfs een halve baan is niet vol te houden als je daarnaast de totale verantwoording voor de zorg van je gezin op je nek hebt. Met als gevolg dat we massaal in de WAO belanden en ook nog eens beschuldigd worden van de 'hypotheekziekte': moeders voelen zich door torenhoge lasten gedwongen te werken, kunnen dit niet aan en maken, om toch de hypotheek te kunnen blijven betalen, ten onrechte aanspraak op de WAO.

De man is niet in de war, wij zijn het. Wij durven nog steeds niet met de vuist op tafel te slaan, om te eisen dat hij eindelijk eens een wezenlijke bijdrage gaat leveren aan de verzorging van kinderen en huishouden. Mokkend ondergaan wij de dubbele belasting, omdat we niet durven kiezen voor die carrière met als excuus de kinderen. Als mannen al de kluts kwijt zijn, dan komt dat door onze tegenstrijdige boodschappen. We willen economisch onafhankelijk zijn en thuiszitten met de theepot. We willen de status van een werkende vrouw, maar vertrouwen aan niemand anders de zorg van onze kinderen toe. Zelfs niet aan onze eigen echtgenoot.

HET PRAATGEZIN

Dat er met ons te onderhandelen viel, daar kwam mijn oudste al een paar dagen na zijn geboorte achter. Eén prutteltje en hoppa, daar stonden wij alweer aan zijn zijde, glurend in zijn luier en met de moederborst in de aanslag. Niks geen strenge voedingsschema's en laat maar huilen. Gewoon geven waar het kind om vraagt. Tot grote ergernis van diverse oma's die telkens als mijn zoon een keel opzette en ik mijn T-shirt al op-stroopte, begonnen te mijmeren over 'de goeie ouwe tijd', toen baby's hun dagen nog krijsend in hun wiegje sleten en zodoen-de ijzersterke longen kweekten. Geen haar op mijn hoofd die overwoog mijn felbegeerde kindje de door hem zo gewenste moedermelk te ontzeggen en zo kwam het dus dat ik drie maanden na zijn geboorte nog maar 48 kilo woog en een moord wilde plegen voor een uurtje slaap. Dat kon zo niet ver-der; er moest onderhandeld worden. Op zoek naar een com-promis met een huilbaby. Hij ging aan de fles. Het was nog even zoeken welke voeding hij het lekkerst vond, maar toen we die uiteindelijk gevonden hadden, veranderde ons draakje in een mollig tevreden mannetje.

Onderhandelen, compromissen sluiten, discussiëren, het is hem en zijn zuster met de moederborst ingegoten. En niet al-leen mijn kinderen, alle kinderen, zo blijkt uit onderzoek van het Instituut voor Toegepaste Sociologie. Vader en moeder zijn nog wel 'eindverantwoordelijk voor de gezinsregie', maar onze autoriteit is niet langer vanzelfsprekend. Het moderne gezin is geen 'bevelshuishouding' meer, maar een 'onderhandelingshuishouding'. Wat dit betekent werd onlangs door mijn dochter zeer helder aan een vriendinnetje uitgelegd: 'Bij mijn vader en moeder mag je alles, als je maar lang genoeg doorzeurt. Toch mam?'

En zo is het. We kunnen er de prachtigste termen omheen breien en het hebben over 'intensieve communicatie' en 'oplossingen zoeken die voor iedereen aanvaardbaar zijn', uiteindelijk zijn het opvallend vaak de kinderen die hun zin krijgen, en niet de ouders. Wij ouders eten vier keer per week vissticks, omdat dat het enige is wat zoonlief naar binnen krijgt. We gaan naar de verschrikkelijkste campings en bungalowparken, want de kinderen vinden dat zo énig. We helen elk deukje in hun tere kinderziel met stapels Pokémon-kaarten. We eten bergen chips om hun flippo-verzameling zo snel mogelijk compleet te krijgen. We staan toe dat ze hun schattige naveltjes doorboren met ringen, als ze maar met de hakken over de sloot overgaan. We moeten wel want iedereen mag het, iedereen doet het en iedereen krijgt het. En we willen het gezellig hebben met de schatten.

Onze moeders aanschouwen onze toegeeflijkheid hoofdschuddend. Hoe moet dat toch later, als ze volwassen zijn en niet meer alles in de schoot geworpen krijgen? Tja, hoe moet dat? Persoonlijk maak ik me daar niet zo veel zorgen over. Sterker nog, ik denk dat mijn kinderen later een stuk zekerder en sterker in hun schoenen staan dan ik. Mijn dochter zal zonder blikken of blozen opslag vragen bij haar baas en heus geen genoegen nemen met een partner die zich aan zijn huishoudelijke taken onttrekt. Mijn zoon gaat gewoon doen wat hij leuk vindt, zonder de druk op zijn schouders dat hij voor de kost moet zorgen. Ze zullen zich door niemand laten koeioneren. Ook niet door hun eigen kinderen. Ja, ik zie het er nog wel van komen, de terugkomst van de 'bevelshuishouding'. Bevelen uitdelen, daar zijn mijn kinderen goed in. Mijn kleinkinderen, wat zullen dat heerlijke wezentjes worden. Gehoorzaam, bedeesd, bescheiden, beleefd. Ik verheug me nu al op het oma worden. Dan ga ik heerlijk genieten van mijn autoritair opgevoede, goed afgerichte kleinkinderen.

HONDENFEEST

Een strandfeestje op zondagmiddag. Gelieve de kinderen thuis te laten. Dat vermeldde de uitnodiging. Want de organisatoren van het feest hebben en willen zelf geen kinderen en willen dus ook geen last van de onze hebben. Liefst zouden ze kinderen en oude mensen ver weg, opgesloten op een eiland zien, maar dit terzijde. Wij gaan toch, want er komen zoveel mensen die we al lang niet gezien hebben, en die kinderen vermaken zich wel met de oppas.

Bij aankomst blijkt het een hondenfeest te zijn. Dat stond niet op de uitnodiging. Een grote, grijze mastino napoletano, volgens ingewijden vele malen gevaarlijker dan de pitbull, wacht ons op bij de ingang van het paviljoen en kwijlt op mijn roomwitte strandjurk. 'Harry, hierrrrr!!!' roept een in het rood leer gehulde dame met overslaande stem, terwijl ze zonder resultaat aan zijn met koper beslagen halsband rukt. Ze kan niet voorkomen dat Harry me bespringt en tegen mijn knie aan begint te rijden. J.P., de gastheer van vandaag, komt ons met een uitgestoken hand en met een jack russell in de andere hand tegemoet. 'Leuk dat jullie er zijn.' Hij stelt ons voor aan Madeleine, zijn vriendin en Nina, hun nieuwe jack. Madeleine stort zich vervolgens op een grommende en blaffende Mechelse herder. 'Is het nou afgelopen, Felix! Anders ga je weer aan de lijn!' J.P. verontschuldigt zich, Nina moet even een plasje doen. Het is een beetje een zootje, met al die honden, maar dat is ook wel weer gezellig. Wie laat zijn hond nou thuis als hij naar het strand gaat, toch? *Help yourself*, er is genoeg te zuipen.

We wurmen ons tussen de cockerspaniëls, flatcoats, bouviers en Duitse staanders een weg naar de bar, alwaar we Frank treffen, een kennis van M. Frank heeft geen kinderen, maar vertelt opgetogen in blijde verwachting te zijn van een chocoladebruine labrador. 'Hoe is het met jullie hond? Wordt ook al oud zeker?' We antwoorden dat onze Bello inderdaad wat grijs wordt, en de kinderen, die gaan al naar school. Franks vriendin Eva komt erbij, kust ons en vraagt of we het al gehoord hebben. Ja, gefeliciteerd. Maar is het wel te combineren met het werk? Nou, het was een heel gepuzzel, maar ze hebben nu een plaats bij de hondencrèche en op vrijdag past haar moeder op.

Enne, kinderen? informeren we voorzichtig. Nee, daar beginnen ze niet aan. Ze willen vrij zijn, met de motor eropuit, carrière maken. Er is zoveel meer in het leven dan kinderen. Ze hebben het bij vrienden gezien, hoe saai en burgerlijk die geworden zijn sinds ze een baby hebben. Dan springt Eva gillend op. 'Oh, meid, je hebt hem! De Rhodesian ridgeback! Wat is-ie mooi! Dag schatje, ja, snoesje, wat een lief hondje ben jij!' José staat glimmend van trots met een kalf van een beest aan de handgevlochten lijn. Nadat José heeft verteld hoe vaak hij plast, wat hij het liefst eet, hoe zwaar hij is en dat hij al zeven paar pumps van haar heeft verorberd, vervolgt Eva haar palaver over kinderen. Dat die vrienden alleen nog maar over de baby kunnen praten, vreselijk. Een man, met een draagbuidel om zijn nek waar een acht weken oud Afghaans windhondje in ligt, komt erbij zitten. Hij knikt enthousiast als Eva beweert dat er al genoeg kinderen op de wereld zijn. Hij heeft gelezen dat ons milieu dagelijks een berg Pampers zo hoog als de Domtoren in Utrecht te verwerken krijgt. Dat is toch een schande! Hij mag het eigenlijk niet zeggen, maar hij moet het toch kwijt: de Nederlandse overheid zou aan bevolkingspolitiek moeten doen, één kind per gezin.

Buiten op het strand schijt de napoletano op een zandkasteel dat een enthousiast jongetje van vier heeft gemaakt. De moeder van het kind verkoopt het logge beest een schop en troost het kind. De in rood leer gehulde eigenaresse van de hond rent woedend krijsend het strand op: 'Blijf met je poten van mijn hond af!'

Ik richt me tot de man met zijn hond in een draagzak en zeg dat hij helemaal gelijk heeft. Iedereen één kind, en alle honden gecastreerd. Daar zou onze maatschappij flink van opknappen.

HET MOEDERLOON

Ik word gebeld met de vraag of ik mee wil doen aan een debat over het moederloon. Vind ik ook niet dat vrouwen die besluiten zich geheel aan de zorg van hun kinderen te wijden, daarvoor betaald zouden moeten worden?

Ik twijfel even. Kijk naar buiten. Het is juni, zomer en ik zie vrolijke thuismoeders in de zon met hun kroost fietsen, op weg naar strand of speeltuin of tennisbaan en denk: verdomd, een moederloon, dat zou me wel wat lijken. Op kosten van de staat lekker mutsen in de zandbak en de hectische wereld gewoon aan me voorbij laten gaan. Een moederloon, ja, dat zou misschien in één klap een hoop problemen oplossen. Nooit meer wanhopig op zoek naar een werkster en een oppas, nooit meer in de file, nooit meer ruzie over de verdeling van huishoudelijke taken, nooit meer nee hoeven zeggen als ze op school vragen of ik kom helpen met de knutselmiddag, nooit meer stressen achter de computer als buiten de zon schijnt, nooit meer Chinees halen, nooit meer schuldgevoelens, nooit meer onkruid in mijn tuin. Gewoon weer terug naar het aanrecht, met een flinke baarbeloning in mijn achterzak lekker appeltaarten bakken en tennissen.

De bedoeling is dan wel dat ik de opvoeding van mijn kinderen echt serieus neem. Dat ik het, zeg maar, zie als een baan, een carrière in het moederschap. Misschien alsnog een paar jaar naar de huishoudschool, waar ik opnieuw leer koken volgens de schijf van vijf en allerlei prachtige inzichten krijg in de psyche van mijn kinderen. Waar ik, kortom, de chaos van het gezinsleven leer te bedwingen.

De grote vraag is hoe mijn werkgever, de overheid, mij dan gaat controleren en vooral, wat er gebeurt als ik mijn kinderen niet elke dag meeneem naar buiten en niet in bed heb voor half acht 's avonds, met de tanden gepoetst. Komen ze mijn kasten controleren op aanwezigheid van snoep en kunnen ze via mijn bonuskaart zien of ik wel genoeg groenten en fruit in huis haal?

Ik vind het een steeds bedreigender idee worden. Wordt er dan ook bepaald hoeveel kinderen je moet of mag krijgen? En hoe zit dat wanneer je zwanger bent? Krijg je dan wekelijkse bloedtesten, om te controleren of je gerookt of gedronken hebt? Of stiekem filet americain gegeten?

'Nee,' zeg ik tegen de debatleidster, 'ik geloof dat ik toch niet zo voor ben.' Met zo'n moederloon ben je nog steeds financieel afhankelijk, niet van je partner maar wel van de overheid. Je wordt een soort broedmachine. Maar vind ik dan niet dat het moederschap wel wat meer status mag hebben? Status. Ik weet het niet. Is dat niet een typisch mannenwoord, status? Hoort dat niet bij Mercedes-rijders en Rolex-dragers? Daar staan wij moeders toch boven? Moederschap heeft helemaal niks met status te maken. Moederschap is leven en liefde. 'Tuurlijk,' zegt de debatleidster, 'maar het is ook heel zwaar.' Zwaar? Ik vind het helemaal niet zwaar. En zou het dan minder zwaar zijn als we ervoor betaald kregen? Wat een minachting voor het leven eigenlijk, dat we betaald zouden moeten worden om voor onze geliefden te zorgen. Banaler kan het niet.

Het krijgen van een kind is een voorrecht, een wonder,

mooi en puur en eerlijk. Al die intense oergevoelens die je daarbij cadeau krijgt, daar kan geen carrière, geen auto van de zaak, geen tripje naar Zuid-Afrika tegenop. Mijn moederloon is het plezier van mijn kids, als ze tot zonsondergang aan het strand spelen, de stralende lach van mijn dochter wanneer ze voor het eerst zonder kurk zwemt, de onhandige stoerheid van mijn zoon als hij mij omhelst. Ontelbare, onbetaalbare geluks-momenten waarnaast ik graag wat 'ondergewaardeerde zorg' op de koop toe neem. En die centen, die verdien ik wel met echt werk.

BIKINI

Ik vraag me af waarom ik het elk jaar weer doe. Waarom ik nooit het punt bereik waarop ik zeg: genoeg is genoeg, dit jaar hou ik het bij mijn oude bikini's, ik doe niet meer mee met de tocht der oplopende frustraties, ik ben tevreden met wat er in mijn la ligt en *who gives a damn* hoe ik er op het strand bij loop. Maar dan zie ik weer een schattig, rood-wit genopt setje in een etalage, de zon schijnt en het zomergevoel fladdert door mijn buik, de pinpas juicht in mijn tas en het setje roept: 'Pas mij, koop mij en ik garandeer je bruine, deinende borsten en lange, slanke benen'.

Ik loop door want ik weet dat het een leugen is, ik heb al vijftien van die gevalletjes thuis en geen van alle heeft haar belofte waar gemaakt. Push-ups die de borsten van Pamela Anderson oppushten, maar niet de mijne, schuiftopjes die prachtig bleven zitten om de borsten van de paspop, maar bij mij naar mijn oksels kruipen, strapless bovenstukjes die de zwaartekracht niet kunnen weerstaan en talloze slips die of een perfect onderhouden bikinilijn vereisen of na drie keer wassen beter geschikt zijn als tent.

Er zit bij mij een wonderlijke regelmaat in mijn bikini-aanschafritueel. Zodra de eerste zonnestralen mijn gelaat beschijnen, wil ik mij zo bloot en sexy mogelijk onder de hemel begeven. Ik laat me verleiden tot de aanschaf van twee veters en vier driehoekjes omdat de verkoopster roept dat ik het nog prima kan hebben. Al bij de kassa begin ik te twijfelen en eenmaal thuis, in het eerlijke licht van mijn slaapkamer, voor mijn brute spiegel, weet ik zeker dat dit de meest belachelijke aanschaf van het jaar is. Hoe kom ik erbij om me dit aan te laten smeren? Nou, nou, zo erg is het ook weer niet, troost mijn positieve kant mijn negatieve, een zonnebankje, even goed scrubben en scheren en dan valt het allemaal reuze mee. Dus ga ik aan de slag. Ik bak en braad onder de snelbruiner, ik scrub mijn doffe vel tot het bloost en vervolgens neem ik de scheerset van manlief ter hand en creëer een 'Brazil-bikinilijn', een soort Jules Deelder-sikje down under en inderdaad, het veterlapje toont nu een stuk aantrekkelijker. Mijn hele lichaam gonst en tintelt van de ondergane restauratie, maar het is de moeite waard geweest. Morgen op naar het strand.

Maar de volgende ochtend begint er al wat te kriebelen. Mijn kruis kan geen slip verdragen en mijn gisteren zo gladde, bruine bikinilijn vertoont nu rode bulten. Ik verlang naar ijskompressen en een opwaaiende zomerjurk, de jeuk neemt alleen maar toe en er is niets dat haar kan stillen. Ik vraag advies aan mijn M., hij scheert zich tenslotte dagelijks, maar hij heeft hier nooit last van. Hij adviseert aftershave, maar daar moet ik niet aan denken. Een vriendin, die schaamhaarloos door het leven stapt, gebruikt altijd zinkzalf en dat helpt even, maar met twee grote dofwitte zalfplekken tussen mijn benen loop ik niet ontspannen en genietend langs de vloedlijn.

Halverwege de stranddag geef ik het op. De jeuk, het schurende, niets verhullende lapje, de shawl die ik voortdurend angstvallig om mijn heupen knoop; ik wil mijn nieuwe bikini het liefst ter plekke ritueel verbranden en een skipak aantrekken. Ik haat mezelf met mijn impulsaankopen en mijn impuls scheeractie en wil me bijna bekeren tot het radicaal feminisme, opdat ik mijn haren gewoon lekker mag laten groeien waar ze willen. Mijn pinpas en ik geven het gevecht met de lapjes op en begeven ons naar de boulevard, om een oerdegelijke heupslip te kopen, maakt niet uit wat het kost, als het me maar bedekt van buik tot bovenbeen en ik weer vrij en met mijn kruis vol zinkzalf rond kan dartelen.

AANRECHT ALS VOORRECHT

Werkende moeders zullen terugkomen op de vernieuwingen die zich in de afgelopen vijftien jaar rond hen hebben afge- speeld, wordt voorspeld door menig trendwatcher. Moe als ze zijn van 'de combinatie' zullen veel vrouwen burned out te- rugkrabbelen naar het aanrecht om daar hun ambities en ta- lenten te laten gelden in het bakken van appeltaart en het aan- dachtig soppen van de gootsteen. Zij zijn niet langer bereid het eerste stapje van hun spruit in te ruilen voor anderhalf uur file in een auto van de zaak. Laat dat maar aan papa over. In Ame- rika hangen hoogopgeleide carrièrevrouwen al massaal hun werk in de wilgen om zich als een echte *supermum* op het op- voeden van de kinderen te storten en ons eigen lijfblad voor de thuismoeder, de *Margriet*, kijkt likkebaardend uit naar 'de ge- neratie vrouwen die niet meer alles wil'.

En die zít eraan te komen, getuige mijn vriendenkring. Van de vrouwen met wie ik ooit vol ambitieuze toekomstplannen ging studeren, en die nu de dertig gepasseerd zijn en bijna alle- maal kinderen hebben, stopt de een na de ander met werken om fulltime voor de kinderen te gaan zorgen. Zo eensgezind en solidair als we ooit waren, zo verdeeld zijn we nu. Ons oude, vertrouwde clubje van zielsverwanten heeft zich opgesplitst in twee kampen: die van de werkende en die van de thuisblijven- de moeders.

Elke verjaardag, elk feestje of spontaan koffiebezoek eindigt in een felle discussie, waarbij de meest idiote verwijten over en weer vliegen. Zo vindt Marieke, voorheen getalenteerd accountmanager en nu thuismoeder van drie jongens, dat 'thuisblijven een groot voorrecht' is. Niet mee te hoeven draaien in deze hectische maatschappij, geen schuldgevoelens meer te hebben ten opzichte van haar kinderen, een huis waar rust en harmonie heerst. Dankzij haar man, die zestig uur per week werkt en genoeg verdient voor vijf, 'hoeft zij niet meer zo nodig'.

In sommige opzichten heeft ze natuurlijk gelijk. Het is een voorrecht om niet te hoeven werken. Om de keuze te hebben. De meeste moeders op deze aardbol hebben die keuze niet en moeten wel werken om hongerige kindermondjes te vullen. De thuismoeder is een statussymbool, het bewijs dat vaderlief genoeg verdient om er een eigen huishoudster en kinderverzorgster op na te houden. Of om mijn opa's stokpaardje eens even van stal te halen: 'De vrouw is de etalage van de man.'

Het voorrecht dat wij westerse vrouwen dus hebben, is niet zozeer het thuisblijven als wel de keuze om dit te kunnen doen. Mijns inziens is het nog een veel groter voorrecht met eigen zuurverdiende centen gelijkwaardig te zijn aan mijn man. Een eigen leven te hebben, los van hem of de kinderen, en een eigen status binnen de maatschappij. Maar als ik dit te berde breng tijdens zo'n discussie, beginnen mijn thuismoederende vriendinnen te briesen. Het is belachelijk dat wij zo neerkijken op hun rol in de samenleving. Ze zitten heus niet de hele dag sherry te drinken en waarschijnlijk is hun bijdrage aan onze maatschappij van veel groter belang dan die van ons. Kinderen zijn de toekomst en om hen veilig, liefdevol en met ruim voldoende aandacht en begeleiding op te voeden is een meer dan fulltime baan. Daarom noemen zij zichzelf ook geen huisvrouw, maar gezinsmanager, of directeur van hun bedrijfje dat gezin heet.

Wij hebben de keuze en zijn daarmee nog altijd ongelijk aan de man. Wij kunnen ons ontplooien door middel van studie, reizen en werken, en we mogen al deze ervaringen en aspiraties zomaar opgeven als het ons niet langer bevredigt. We kunnen altijd nog terug naar het terrazzo-keukenblad wanneer de werkvloer ons te heet onder de voeten wordt, met het juiste argument aan onze zijde: 'Ik wil mijn kinderen zien opgroeien, ze niet meer in een crèche dumpen, om vervolgens mijn dagen door te brengen in de file en op kantoor'.

Maar wordt deze bewuste keuze voor het thuismoederen niet heel vaak geboren uit onvrede met het werk? Gebruiken wij het moederschap niet als excuus om niet meer mee te hoeven doen? Dat is wat me zo stoort aan al die klaagverhalen over de combinatie van zorg en werk van mijn thuismoederende vriendinnen. In wezen kiezen zij niet voor hun kinderen, maar gebruiken zij hen als buffer om zich achter te verstoppen. Een man zou zo'n keuze nooit maken, al was hij nog zo ontevreden. Hij zou ontslag nemen en iets voor zichzelf beginnen, of een andere meer bevredigender baan zoeken. Zonder daarover te zeuren.

Aan de basis van deze hele discussie tussen de thuismoeders en de werkende moeders ligt ambivalentie. Wij vrouwen zijn altijd zo dubbel in onze wensen en verlangens. Ofwel we willen werken zolang het leuk en bevredigend is, maar dan voelen we ons schuldig, ofwel we willen thuisblijven omdat het werk niet langer leuk en bevredigend is, maar dan willen we wel de status van een werkende behouden. Wat we ook kiezen, we bekijken de ander die een andere keuze heeft gemaakt, met jaloezie.

Daar ben ik persoonlijk ook niet vrij van, zeker niet als ik door bergen werk geen uitweg meer zie. Betreed ik op zo'n dag het opgeruimde huis van Marieke, waar kaarsjes branden, verse boeketten de tafels sieren, het schone toilet riekt naar heerlijke potpourri en de keuken naar appeltaart, dan vraag ik me af waar ik eigenlijk mee bezig ben.

Mijn jaloezie beperkt zich niet alleen tot haar opgeruimde huis en haar bloemrijke tuin. Ik kan het ook niet uitstaan dat zij nooit last van schuldgevoelens heeft, nooit een belasting-aangifte hoeft in te vullen en zich altijd kan troosten met de gedachte dat ze het goed doet. In elk geval beter dan ik. Zij is er altijd voor haar kinderen. Zij mag dan ongelukkiger zijn dan ik, volgens het CBS, zij leeft in de overtuiging dat haar kinderen gelukkiger zijn dan de mijne.

En Marieke is jaloers op mij, al zal ze liever haar schoen op-eten dan dit ooit toe te geven. Jaloers op het feit dat anderen mij interessanter vinden, op mijn eigen inkomen en zelfstan-digheid en op mijn man die meer meedraait in de zorg en het huishouden dan de hare.

Deze jaloezie wordt nooit besproken, maar manifesteert zich middels hatelijkheden over en weer. Allebei proberen we elkaar te raken op kwetsbare punten. Zo meent Marieke aan kinderen te kunnen merken of hun moeder werkt of niet: 'Kinderen van werkende moeders zijn gewoon drukker, onbe-leefder en agressiever dan kinderen van thuismoeders. Ze zijn ook vaak moe doordat die moeders 's avonds nog van alles moeten inhalen en hun kinderen uit schuldgevoel niet op tijd naar bed brengen.'

Hiermee raakt ze bij mij precies de snaar die ze voor ogen had, maar ik geef me niet gewonnen. Integendeel, ik sla terug. Want waar staat dat de kinderen van de thuismoeder gelukki-ger en stabieler zijn dan die van de werkenden? Dat heeft nog nooit iemand kunnen bewijzen. Het tegendeel wel. Kinderen van werkende moeders presteren beter op school, blijkt uit onderzoek. Dochters van (parttime) werkende moeders gaven in een groot onderzoek van *Libelle* aan dat ze veel steun ervaren hadden van hun moeder, dat ze de vrijheid hadden gehad zich te ontplooien, dat er rekening met hen werd gehouden en dat de moeder-dochterrelatie goed was. En zelf ben ik nooit gebukt gegaan onder het feit dat mijn moeder werkte. Sterker nog, ik was er trots op een werkende moeder te hebben en als kind zoveel zelfstandiger te zijn dan mijn leeftijdgenoten. Financieel onafhankelijk blijven is mij met de paplepel ingegoten. Dat dit heeft geresulteerd in een angst om afhankelijk te worden van een man en een absurde drang om de touwtjes van mijn leven in eigen handen te houden, is de keerzijde hiervan.

De thuismoeder geeft die zelfstandigheid makkelijker op, vaak omdat ook haar moeder er altijd was en ze dat als kind heel prettig vond. Zij mist niets van de ontwikkeling van haar kinderen. Het eerste stapje, het eerste tandje of het eerste bakje pap naar je hoofd, zij is erbij. Maar als werkende moeder heb ik ook niets van dit al gemist. Dat eerste tandje zag ik al weken aankomen, het eerste lachje was uitsluitend voor mij, de ontaarde, werkende moeder. Dat eerste stapje was voorbehouden aan de oppas, maar toen mijn kinderen trots en parmantig op me af stapten na thuiskomst van mijn werk, schoten mijn ogen net zo vol als die van de thuismoeder en heb ik ze stevig geknuffeld en geprezen. Het is heus niet zo dat wij werkenden onbewogen over die eerste stapjes heen denderen om nog even op onze laptops de aandelenkoersen te bekijken. Hoe komt men erbij dat werkende moeders dit allemaal missen? Het krijgen van een kind is een enorme verrijking, ook wanneer je daar je leven niet aan opoffert. Het kind relativeert al de flauwekul die een baan met zich meebrengt, maar andersom relativeert dat werk ook je rol als moeder. Want laten we wel wezen, zo dagvullend en inspirerend is dat opvoeden van kinderen nu ook weer niet. Het resultaat ervan zie je pas na ongeveer achttien jaar en tot die tijd blijf je jezelf dagelijks afvragen of je het eigenlijk wel goed doet. Werken geeft direct resultaat, al is het soms alleen maar op je bankrekening.

Zou het beter zijn wanneer het thuismoederen als volwaardige baan wordt gezien? Marieke vindt van wel. Nog te vaak wordt wat zij doet, afgedaan met 'Oh, jij doet dus niks.' Ik denk helemaal niet dat Marieke 'niks' doet. Sterker nog, ik moet er niet aan denken om één week te doen wat zij al zo'n vijf jaar doet. Maar toch is het hebben van een baan iets anders dan hard werken in het huishouden. Met een baan ontwikkel je jezelf anders. Wacht even. Dit is tegen het zere been van de thuismoeders. Hoezo zouden zij zichzelf niet ontwikkelen? Hebben zij niet veel meer tijd om de krant en goede boeken te lezen? Cursussen te doen en te internetten? In alle rust na te denken over hun leven en dat van haar man en kinderen? De werkende moeder ontwikkelt zich uitsluitend op haar eigen werkterrein. Voor alle gebieden daarbuiten heeft zij geen tijd.

Een voor de hand liggende vraag is of datgene wat ik doe nu zo maatschappelijk relevant is. Dat vraag ik mezelf ook weleens af. Zit er iemand op dit artikel te wachten? Zal het de wereld verbeteren en is dit verhaal zo belangrijk dat ik er mijn kinderen voor laat overblijven op school? Het antwoord is: ja. Ik betaal belasting, zorg financieel voor mezelf, ik stel mijn man in de gelegenheid net zoveel voor onze kinderen te zorgen als ik doe en daarmee worden mijn kinderen opgevoed en verzorgd door hun moeder én vader. Zowel mijn zoon als dochter leert dat mannen en vrouwen evenveel waard zijn en even goed zijn in zorgen. Ze groeien op met de wetenschap dat ik niet uitsluitend een verlengstuk van hen ben, goed voor het eten koken en hun kamer opruimen. Ze worden beiden aangemoedigd hun talenten en capaciteiten ten volle te benutten en leren allebei dat ieder mens verschillende rollen kan hebben. Een goede moeder is naast lief en zorgzaam, ook een voorbeeld voor haar kinderen. Als persoon. Ze is het ook aan hen verplicht zelfstandig te zijn en zich te ontwikkelen.

THRILLERMANIA

Het levenloze lichaam van een halfontklede, blonde vrouw drijft in een modderige plas. Bloed mengt zich met het water, flarden mist hangen tussen het riet.

'Gezellig hoor,' mompelt mijn lief als hij naast mij in bed stapt, waarin ik me verschanst heb achter deze gruwelijke cover. *Murder in the first degree* schreeuwen de rode letters hem toe en hij weet weer hoe laat het is. De komende avonden ben ik onbereikbaar voor hem. Pas wanneer ik alle bloederige, gewelddadige en angstaanjagende details tot mij heb genomen en weet wie het gedaan heeft en waarom, ben ik weer aanspreekbaar.

Het is een verslaving, dat geef ik eerlijk toe. Wat de een heeft met cryptogrammen, heb ik met het lezen van thrillers. Zo bang als ik in het dagelijks leven ben voor geweld, zo verzot ben ik erop als het gaat om fictie. In de trein, in het vliegtuig, in bed, op het strand, waar ik me ook wachtend of rustend begeef, ik duik onmiddellijk tussen lijken, autopsies, stalkers, serial killers en psychopaten. En ik ben niet de enige, dat blijkt wel uit het succes dat de thriller, en alle variaties op dit genre, tegenwoordig heeft. Vooral de vrouwelijke misdaadauteurs bevinden zich regelmatig in de boekentoptien. Elizabeth George,

Patricia Cornwell, Minette Walters, Ruth Rendell, Sarah Dunant, Sue Grafton en nog vele anderen hebben dit 'mannelijke' genre de afgelopen tien jaar een stuk interessanter gemaakt. Zozeer dat het aan hen te danken is dat de 'misdaadroman' nu zoveel meer is dan een puzzel, met een boerende, zuipende, seksistische speurneus in de hoofdrol als bestrijder van het kwaad, en hese, geile, kettingrokende domme blondjes als opponenten. De vrouwen hebben psychologie in de misdaadroman gestopt en creëerden daarmee menselijke speurders. Dankzij hen kunnen ook wij vrouwen ons identificeren met heldinnen in plaats van slachtoffers.

Mijn partner begrijpt niet waarom ik mijn vrije tijd het liefst doorbreng met huiveringwekkende verhalen. Waarom de hersenen vervuilen met de smerigste details over de ranzige lusten van een seriemoordenaar, waarom zou je jezelf op vrijwillige basis angst aan laten jagen? Tja, waarom kijkt hij drie keer per week naar, in mijn ogen, slaapverwekkende voetbalwedstrijden? Zit hij op het puntje van zijn stoel als het balletje in het netje belandt? Omdat het spannend is. En iets dat spannend is, leidt je af van alledaagse beslommeringen en stress. Dat is natuurlijk een veel te simpele verklaring voor mijn fascinatie voor thrillers. Het gaat veel verder. Ik ben een extreem bang mens. Als ik 's avonds alleen over straat loop, tegen schemer mijn hond uitlaat in een verlaten bos of er ineens aangebeld wordt wanneer ik alleen thuis ben, word ik bevangen door angst. Ook ben ik altijd bezorgd over mijn kinderen, mijn man en familie, bang dat ze ooit tegen een gek aanlopen, die ze omverrijdt of meelokt. Ik ben dus dagelijks bang om slachtoffer te worden, en daarom wil ik ter afleiding lezen over sterke vrouwen, die zich niet laten slachtofferen en het kwaad overwinnen. Misschien wel om voorbereid te zijn, zoals Mo Hayder, schrijfster van het gruwelijke boek *Vogelman* zegt in een interview in *Vrij Nederland*: '*It's a woman's thing.* Het zou heel goed kunnen zijn dat het lezen van thrillers een manier is waarop vrouwen zich verdedigen. Een van de oorlogsregels is: *know your enemy.* Dat is precies wat wij proberen te doen: weten wat je bedreigt. Het helpt.'

De moord en wie dit op zijn geweten heeft zijn niet de enige boeiende aspecten van de door vrouwen geschreven thrillers. Vrouwelijke misdaadauteurs creëren zeer sterke vrouwelijke karakters. Neem Kay Scarpetta, de hoofdpersoon in de boeken van Patricia Cornwell. Zij is een single patholoog-anatoom, verbonden aan de FBI, wier hulp altijd ingeroepen wordt bij de meest bizarre en onoplosbare moorden. Ze is humeurig en serieus, maar ook in staat om heftig lief te hebben. Ze staat zwaarmoedig in het leven, en heeft daar ook alle reden toe; ze verliest steeds weer de man van wie ze houdt en ze ziet dagelijks de resultaten van extreem geweld op haar onderzoekstafel liggen.

Een heel wat vrolijker type is Kinsey Millhone van Sue Grafton. Kinsey is een zeer stoere privé-detective die wel over een aangename dosis humor beschikt, goed is in oneliners en in moordenaars van zich afslaan.

Mijn derde heldin, Barbara Havers van Elizabeth George, is in tegenstelling tot Kinsey en Kay niet aantrekkelijk en sympathiek, maar nors, wantrouwend, onzeker en ook single. Ze leeft chaotisch, eet ongezond, rookt aan één stuk door en voelt zich altijd minderwaardig omdat ze 'working class' is.

Levensechte, sympathieke, dappere, maar niet altijd even perfecte personages. Ze zijn stoer en kwetsbaar. Deze vrouwen overwinnen mannen. Hoe verliefd, verdrietig of onzeker ze ook zijn, ze zitten niet bij de pakken neer maar gaan erop af, om de onderste steen boven te halen, wat anderen ook van hen mogen denken. Mijn heldinnen komen in actie tegen onrecht, in plaats van het te ondergaan, ze kijken niet lijdzaam klagend toe hoe terroristen, verkrachters en psychopaten de wereld bevuilen.

OUDJAAR

Vijf uitnodigingen voor 'superspetterende, ultieme, crazy, waanzinnige, all-night-long, mega-gave, disco-dinner-oud-jaarsfeesten om uit je dak te gaan' telt ons prikbord en wij ver-keren in opperste verwarring. Waar gaan we heen en wie bel-len we af? We discussiëren, ruziën, onderhandelen al weken aan de keukentafel, hetgeen ons vermogens aan wijn kost. De telefoon staat roodgloeiend.

'Zijn jullie ook uitgenodigd bij Peter en Anne?'

'Ja, maar we weten het nog niet hoor, is zo'n end rijden. Maar als jullie gaan…'

'Nee, wij weten het ook nog niet. Die vrienden van hem, dat zijn vreselijk suffe lui, IT'ers.'

'En dat feest van Ben en Willie, wel leuk toch? Leuk thema, sciencefiction… Kan wel lachen worden.'

'Je denkt toch niet dat Jan verkleed gaat, hè? En ze hebben altijd van die smerige hapjes. Tien varianten op de aardappel-salade. Nee, wij dachten meer aan dat feest van Bart en Sophie.'

'Oh, nee, daar gaan we niet heen, hoor. Je zal zien dat Betina ook komt, M.'s depressieve ex. Die gaat dan weer de hele avond tegen hem aan leuteren.'

'Maar Hans en Christel gaan daar wel heen. En ik vind het niet leuk om oudjaar zonder hen te vieren. Ik bel hen wel, wat ze nu echt gaan doen. Ik hou je op de hoogte.'

Inmiddels hebben we een schema getekend van alle feesten en wie waar naartoe gaat. Het blijkt onmogelijk dit oudjaar uit te luiden met onze meest dierbare vrienden en familieleden, want de één geeft zelf een feest, de ander reist af naar Nieuw-Zeeland om daar als eerste het aanbreken van het nieuwe jaar te aanschouwen en de overigen wachten liever af of ze nog meer uitnodigingen voor nog heftiger feesten krijgen. En wij? Wij maken ruzie. M. wil pertinent niet naar het Flintstones-feest van mijn vriendin, want hij haat haar en haar kennissen-kring. Ik weiger mee te gaan naar het weekendhuisje van zijn oude vrienden om daar ingekakt hartenjagend en gapend de laatste seconden af te tellen. Zelf iets organiseren dan?

'Ha, Wilma, hoe is het? Luister, wij dachten eraan om oud en nieuw te vieren bij ons thuis, klein cluppie, beetje dansen, lekker eten, niet al te moeilijk. Kinderen komen gewoon mee.'

'God meid, wij hebben al tien uitnodigingen. We gaan van acht tot tien naar Ben en Willie, dan van tien tot halfeen naar Peter en Anne en daarna naar mijn zus, die geeft een duizend-en-één-nachtparty.'

Shit, wat maakt Wilma en Harm zo populair, dat zij tien uit-nodigingen hebben en wij maar vijf? Ik breek hier dagenlang mijn hoofd over. En maak weer ruzie. We blazen ons eigen initiatief af, want geen van onze vrienden wil de garantie geven dat ze komen.

M. wordt gek van mijn gezeur en wil gewoon met een schaal oliebollen en een fles champagne televisiekijken. Het idee, dat iedereen feestviert en wij gewoon liggen te zappen! We moeten iets doen, iets kiezen, iets besluiten. Voor de duizendste keer pak ik het schema erbij, schrijf alle voor- en nadelen bij elk feest.

Sciencefictionfeest van Ben en Willie. Voordeel: leuk voor de kinderen, dichtbij, Willie heeft leuke vriendinnen. Nadeel: vieze hapjes, Bernd en Karen gaan niet, waarschijnlijk vreselijk patserige vrienden van Ben aanwezig.

Crazy-Seventies-Disco-party van Bart en Sophie. Voordelen: lekker dansen, Sophie's vissalade. Groot nadeel: M.'s ex en veel bewust kinderlozen, dus gezeur over kinderen.

Flintstones-feest van Marieke: M. weigert hierheen te gaan i.v.m. hysterische meiden in tijgerpakjes en mobiel telefonerende mannen. Kinderen ook niet welkom.

Weekendje weg met M.'s vrienden: help, nee. Suf spelletjes doen en veel anekdotes die ik al honderd keer gehoord heb.

Virtual reality party van Peter en Anne: hoog IT-gehalte, de hele avond carrièregezever en spookverhalen over recessie. Te ver rijden.

Aquarius-viering bij Mechteld en Pim. Macrobiotische hapjes en niet roken! No way!

Als ik mijn lijstje aan M. voorlees, flipt hij volledig in de contramine. Hij wil helemaal naar geen enkel feest. Mijn vriendin Marieke belt huilend op dat de helft van de genodigden heeft afgezegd omdat ze ofwel zelf een feest geven, ofwel de keuze hebben uit nog een dozijn andere party's. Ook Bart en Sophie en Johan en Daniëlle melden dat hun discoparty afgeblazen is vanwege een slaande ruzie over het uitnodigen van stellen met kinderen. Of ze niet bij ons kunnen komen om lekker domestic op de bank te hangen, mits Johan en Daniëlle niet komen natuurlijk. Als dominostenen bezwijken al onze vrienden onder de oudjaarsstress. Weg willen ze ineens, allemaal. Liever de jaarwisseling meemaken in een sfeerloos hotel dan er in een leeg, feestelijk ingericht huis, gehuld in Flintstones-jurk, Star Wars-kostuum of holistisch gewaad achterkomen dat ze het van hun vrienden niet moeten hebben. Onze keukentafel ligt nu ook vol met hotelgidsen. Hadden we eerst nog het verlangen zo dicht mogelijk bij vrienden te zijn, nu willen we zo ver mogelijk bij ze vandaan.

DRANKGELAG

'Ach, waar zouden we zijn zonder wijn...' verzucht mijn vriendin terwijl we het glas heffen op de vijf die in de klok zit en
daarna op onze gezondheid. We hebben er beide een gejaagde
dag op zitten, die begon om kwart voor zeven met meteen het
meest stressvolle moment van de dag: de kinderen in de juiste
kleren aan de ontbijttafel zien te krijgen en ook nog eens iets
voedzaams bij hen naar binnen werken, terwijl er tussendoor
overblijftrommels, gymtassen, geld voor het afscheid van juf
en de in het bos vergaarde eikels en kastanjes bijeen gezocht
dienen te worden, waarna we bij de schoolpoort stamelend
van schuldgevoel 'nee' moesten antwoorden op de vraag of we
konden assisteren bij de knutselmiddag. Reeds voor negen uur
doorleefden we dus heftige emoties en dat werd in de loop van
de dag alleen maar erger: mijn vriendin wachtte op haar nood-
gedwongen opgenomen vrije dag vijf uur lang op de loodgie-
ter en is van pure ergernis weer begonnen met roken, en ik
bleek afgesproken te hebben met onze verzekeringsman terwijl ik eigenlijk twee deadlines moest halen, waardoor ik ruzie
kreeg met M. die plompverloren meldde 'geen tijd te hebben
voor dat verzekeringsgezeur'. Uit gêne voor ons gekijf over zijn
hoofd heen, heb ik de verzekeringsman drie koppen koffie in-
geschonken, bij al zijn berekeningen begrijpend geknikt en

uiteindelijk een polis aanvaard waarbij zelfs onze poes verzekerd is.

'We hebben het verdiend,' zeg ik tegen mijn vriendin en schenk tussen het klagen door nog eens bij. 'Lekker wijntje,' zegt ze en ik ben het helemaal met haar eens. Zalige wijn die de spieren ontspant en de geest flexibel maakt, die maakt dat niets meer moet en dat we weer kunnen lachen om onszelf en ons belachelijk gestreste gedrag. 'Wist je dat hoogopgeleide vrouwen elf keer meer kans hebben op alcoholverslaving dan vrouwen met een lagere opleiding?' vertel ik half lachend bij het openen van de tweede fles, en het verbaast mijn vriendin niets, want drinken, dat wordt je bij het studeren met de paplepel ingegoten. We herinneren ons beiden de introductieweken met gratis bier bij de studentenverenigingen en piekuurtjes (bier voor een piek) in de kroegen. 'Onze hersencellen waren al voor meer dan de helft afgebroken voordat het echte studeren begon,' gieren we en halverwege de tweede fles zijn we niet meer te stuiten en vertellen elkaar de meest hilarische drankanekdotes: hoe ik ooit dronken op een tentamen verscheen en in de prullenbak kotste. Hoe zij op een gala ladderzat haar Barbie-roze baljurk omhoog sjorde en in het concertgebouw ging zitten piesen. Het is een raadsel hoe wij onze hoge opleidingen ooit hebben kunnen voltooien, concluderen we bij het bereiken van de bodem van de fles. 'Ach, we drinken nog steeds te veel,' slist mijn vriendin en ik beaam dit met dubbele tong. De kinderen hebben inmiddels hun slaapkamer omgebouwd tot disco en Eminem schalt uit de boxen. Deze dinsdag loopt compleet uit de hand. 'Zijn wij alcoholisten?' vraag ik en we bedenken dat we dat volgens de statistieken misschien wel zijn. Tenslotte drinken we zeker twee glazen per dag. Aan de andere kant: is niet wetenschappelijk bewezen dat rode wijn gezond is? Even overwegen we nog een flesje rood open te trekken, maar gelukkig hebben we nog net genoeg hersencellen over om ons te realiseren dat dat niet verstandig is. '*A pint a day, keeps the doctor away,*' oreert mijn vriendin en daar moeten we nog een keer op proosten. 'Vanaf volgende week, ga ik doordeweeks niet meer drinken,' lal ik en zij belooft hieraan mee te doen. 'Op volgende week,' roepen we en klinken nogmaals de glazen. Daarna bellen we de pizzalijn, tot grote vreugde van de kinderen.

DE VAKANTIECLASH

Ik ben een vakantieverslaafde en niet in de laatste plaats omdat ik mijn dagelijks leven zo vol plemp met werk en sociale contacten, dat ik alleen door weg te gaan een paar lege weken in mijn agenda kan creëren. Ja, dat is vluchtgedrag, natuurlijk moet ik dat allemaal anders gaan doen, maar ook die gedachte komt pas bij me op in de schaduw van een pijnboom. Mijn reisbladen-verzameldrift wordt gevoed door een continu verlangen naar rust en afstand, iets wat ik mezelf thuis helemaal niet gun. Thuis zit ik op de wc, tussen mijn werk door, wachtend op mijn vriendinnen, in reisgidsen te bladeren, rekenend, fantaserend. Ik ben hier, maar wil daar zijn om mijn leven hier weer op orde te krijgen. Daar is het gras groener, de wijn voller, het fruit zoeter, het brood knapperiger, de man mooier. Wat doe ik in dit grijze, vlakke land waar iedereen ineens in een cargo-broek met slierten loopt en ongegeneerd blote bierbuiken en flubberborsten toont zodra er een streepje zon doorbreekt?

Ik wil weg, ik wil schoonheid, ik wil ruimte, ik kan geen pispaal en frikadellentent meer zien, mag ik alsjeblieft weer naar het pleintje overschaduwd door platanen, het haventje dat ruikt naar de zilte zee, het veld vol lavendel en het strand van de gebronsde, bronstige salvataggio?

Elke zomer gaan we drie weken naar het land waar we zo intens van houden: Italië. Een feest waar we met elkaar het hele jaar naar uitkijken. Tot het vertrek werkelijk in zicht komt en blijkt wat er allemaal nog gedaan moet worden voordat we weg kunnen. Kennelijk moet de stress eerst tot een ongekend hoogtepunt oplaaien, om onszelf het grote genieten te gunnen. Tussen het werk door moeten koffers gepakt, het huis schoongemaakt voor de oppas en dient afscheid genomen te worden van familie en vrienden, die om de beurt 'even' gedag komen zeggen, bij voorkeur de avond voor vertrek, om uiteindelijk om halfdrie na het ledigen van vier flessen rosé pas weg te gaan aangezien het vakantiegevoel iets te vroeg zijn intrede deed.

En dan is het moment daar. De auto volgeladen, kinderen slapend op de achterbank, wij met een kater voorin. Hij rijdt, ik lees kaart, we gaan op weg naar een zee van tijd, om alles te doen wat we een halfjaar lang uitgesteld hebben. Tijd om de liefde op te fluffen, de hele dag aan het lijf te pulken en vooral tijd voor bezinning. En het eerste moment van bezinning dient zich aan na ongeveer honderd kilometer rijden, als de kinderen vragen of we er al bijna zijn en mijn lief tegen me begint te blaffen dat ik niet moet gaan zitten dromen, maar op de kaart moet kijken. Vorig jaar, toen ik hem dwars door het centrum van Basel leidde, staat hem nog vers in het geheugen.

Ik kijk naar hem, naar zijn van stress en vermoeidheid vertrokken gezicht en zie niets terug van de man op wie ik ooit verliefd werd. En ineens zie ik als een berg op tegen deze reis, waar ik maandenlang zo naar snakte. In mijn fantasie zitten we nors zwijgend op terrassen, gevangen in een gespannen relatie, zoals zoveel stellen op terrassen zitten. Hadden we ons niet voorgenomen nooit zo te worden?

De kinderen zeuren klagerig door en er zit niets anders op dan hun een zak snoep toe te werpen, waarover ze ruziemaken en elkaar hartstochtelijk meppen. Uit pure wanhoop mep ik vrolijk mee, net zoals mijn moeder vroeger deed en zovele moeders elk jaar weer doen, met de linkerhand gewoon maar wat rondmaaien richting achterbank en daarbij schreeuwen dat je ze meer dan zat bent en dat als ze niet ophouden je ze bij het volgende benzinestation eruitzet.

'Doe niet zo hysterisch,' moppert mijn lief, 'Doe effe wat leuks met ze, leid ze af, dit is toch geen doen!' Nee, het is geen doen. En als jij het zo goed weet, waarom ga jij dan niet kaartlezen en afleiden, laat mij lekker als een pasja achter het stuur zitten. Wie heeft deze taakverdeling eigenlijk bedacht? Op de terugweg gaan we het helemaal anders doen. Dan rijd ik. En sowieso moeten we het in Italië maar eens over de taakverdeling hebben. Want het hangt me mijlenver de keel uit zoals het gaat tussen ons, al jaren eigenlijk, nu ik erover nadenk.

'Mam, waarom hebben wij eigenlijk geen playstation en dvd achter in de auto net zoals Dax en Fin en Eva?'

'Daarom niet.'

'Jezus hé, wat ben jij chagrijnig. We willen niet met zo'n chagrijn op vakantie!'

'Mooi. En ik niet met jullie.'

Ik kijk uit het raam, naar de andere auto's, de andere moeders die met verhitte hoofden pakken koeken uitdelen, kaartlezen en ondertussen gemaakt vrolijk met K3 meezingen. En we zijn nog niet eens in Duitsland. Nooit, nooit, nooit meer met de auto op vakantie, neem ik me stilzwijgend voor wanneer we de eerste file bij de grensovergang inrijden.

De reis is een ramp, elk jaar weer. Een dermate grote aanslag op je geestelijke gezondheid dat je er zeker een week van moet bijkomen. Waarom eigenlijk verlaten we zomers massaal het ei-

gen land, om na twee dagen file ingeklemd tussen landgenoten, op een camping, wederom ingeklemd tussen landgenoten, te gaan staan? Het is de vraag die iedereen zichzelf onderweg stelt en halverwege Duitsland vervloeken wij ouders
allemaal het onderwijssysteem, dat maakt dat we verplicht
zijn onze vrije tijd als haringen in een ton door te brengen.

Gebutst en verkreukeld bereiken we na twee volle dagen fi-
lerijden de plaats van bestemming. Het paradijs. We horen,
zien ruiken en voelen alles waar we al maanden naar verlangen. Het geluid van krekels. De zinderende warmte. De geur
van oleanders en in olijfolie en knoflook gebraden vis. Zwem-
badgeluiden. De Toscaanse villa, waarin we een appartement
gehuurd hebben. Het onhandige weerzien met vorig jaar ge-
maakte vakantievrienden. Typisch Italiaans scootergeknetter.
Bij de kinderen gaat onmiddellijk de knop om. Ze rennen uitgelaten naar het zwembad. 'Eerst douchen!' roep ik ze nog na,
maar dat horen ze al niet meer. Hun vakantie is begonnen, hun
knop is om. Nu de mijne nog. Fysiek mag ik hier dan aange-
land zijn, geestelijk verkeer ik nog in een permanente staat van
stress, waardoor ik uitsluitend blaffend en schreeuwend kan
communiceren. 'Waarom is het appartement nog niet klaar?'
'Nee, je mag geen ijsje!' 'Doe jij ook eens wat!' Zo ga ik maar
door, de hele dag. Ik haat mezelf, maar ik kan niet anders. Ik
voel niks, behalve gejaagdheid en woede. Ik sta op het terras
dat tijdelijk van mij is. Ik kijk uit over het schitterende landschap van Toscane, boven mij de stralende zon en een strak-
blauwe hemel, achter me het vrolijke gekwetter van blije kinderen, voor me een zee van tijd om hiervan te genieten, en toch
ben ik hier niet. Nog niet.

Vakantie is confrontatie. Met jezelf, je geliefde, je kinderen, je
cultuur en je carrière. Je kijkt in de spiegel die in een krap bad-

kamertje hangt waarin je kunt douchen terwijl je op het toilet zit en ziet een bleke gestreste kop. Ben ik dat, met die ontevreden mond, die groeven van neus tot kin, die hangende oogleden? Dat haar dat in geen zes maanden een kapper heeft gezien? En dat lijf, wat is daar in godsnaam mee gebeurd toen ik even niet oplette? De zwaartekracht lijkt definitief vat gekregen te hebben op borsten en billen, ondanks het peperdure fitnessabonnement en het drinken van liters Spa blauw, en op mijn benen grijnzen grillige rode adertjes me boosaardig toe. De droom over flaneren in dat minuscule Italiaanse bikinietje spat uiteen. Gescrubd en onthaard moet er worden. Waarom doe ik dat niet gewoon zoals het hoort, twee keer per week en waarom koop ik steeds weer dure anticellulitisgels die ik nooit gebruik? Zie hier het resultaat van een dertigster die zichzelf zwaar verwaarloost. Het moet allemaal anders en wel met ingang van vandaag. Geen beter moment om aan jezelf te werken dan op vakantie. Ik ga elke ochtend voor het ontbijt baantjes trekken in het zwembad. Daarna geen vette croissants voor mij, maar fruit, fruit en nog eens fruit. En nog meer water drinken. Geen cappuccino, rosé en sambucca, niets van alles waarop ik me verheugde in de file voor de Gotthardpass. En niet vergeten: zo'n Marokkaanse kaftan kopen. Bedenk me ineens dat een chador zo gek nog niet is. Misschien een ideetje voor Victor & Rolf.

De dag van aankomst zit er bijna op en het is mij en mijn lief gelukt om elkaar volledig uit de weg te gaan, teneinde het onvermijdelijke zo lang mogelijk uit te stellen: de jaarlijks terugkerende frontale botsing der machten. Een week lang hebben we de spanning opgebouwd, de irritaties ingeslikt, de woede ingehouden, maar nu is het simpele ontbreken van zijn zwembroek aanleiding tot groots verbaal geweld, hetgeen mij triggert tot het met schrille stem schreeuwen van nog hardere woorden. Hoe is het mogelijk dat ik voor mezelf en de kids ruim tien verschillende badpakken en zwembroeken in de koffer heb gepropt en voor hem niet één? Waarop ik hem vraag hoe het toch mogelijk is dat hij als volwassen kerel niet zelf kan denken aan zijn zwembroek. 'Ik heb helemaal geen zwembroek! Die heb je vorig jaar laten liggen op het strand!' Dreigend wijst hij naar me met een rode plastic schep. 'Ik vergeten? Ik kan toch niet de godganse dag altijd maar op iedereens spullen letten? Koop dan verdomme een zwembroek! Is dat zo moeilijk? Daarnaast, jij doet nooit een zwembroek aan, want je zwemt nooit! Jij zit altijd maar te lezen of te slapen!' Ik smijt een slappe opblaaskrokodil naar zijn hoofd, waarop hij de krakkemikkige kastdeur zo hard dichtslaat, dat de hele kast langzaam ineenstort. 'Ik ga van je af! Echt, ik zweer het je, ik ben helemaal klaar hiermee, zoek het maar uit, het is altijd hetzelfde, ik trek het niet meer, doe het maar lekker allemaal zelf als je het zo goed kan, ik ben weg,' gil ik en met ferme stappen verlaat ik het appartement, mijn gezin in vertwijfeling achterlatend tussen half uitgepakte koffers.

In mijn fantasie pak ik de auto en rijd naar Viareggio, waar ik een kamer huur in het allerduurste hotel en het mooiste Italiaanse stuk versier, met wie ik drie weken lang doldwaze seks heb op het gietijzeren bed. Ik zal hem eens laten zien dat ik het nog kan, dat ik hem niet nodig heb. Ik zal hem eens laten voelen hoe het is om de zorg te hebben voor twee kinderen en het welslagen van de vakantie. Ik ga. Ik bel mijn advocaat voor een flitsscheiding, dat zal hem leren.

In werkelijkheid pak ik de auto en rijd de Toscaanse heuvels in, zomaar ergens heen, me langzaam realiserend waar ik ben en vooral waarom. In dit duizelingwekkende mooie landschap moeten we niet vechten, maar juist weer van elkaar gaan houden. Als het hier niet lukt, waar dan nog wel? Wat wil ik? Wil ik de vrouw zijn die ik klaarblijkelijk geworden ben? Een kijvende *controlfreak* bij wie de werkelijkheid nooit aan haar hooggespannen verwachtingen voldoet? Voor wie niets goed genoeg is?

Zo was ik vroeger niet. Vroeger stapte ik blij en opgewonden in de auto en stapte ik op de plaats van bestemming nog even blij en opgewonden uit. Alles was goed en heerlijk als de zon maar scheen en de wijn maar smaakte. Dat intense verlangen naar vakantie, dat ik het hele jaar door mijn lijf voel gonzen, is eigenlijk een intens verlangen naar het ongecompliceerde wezen dat ik ooit was. Reizen zonder angst, verantwoordelijkheid en veertien stuks bagage.

Ik zet de radio aan en Eros Ramazzotti klinkt Italiaanser dan ooit bij de ondergaande zon, die de graanvelden doet gloeien en mij voorzichtig uitdaagt. Ik voel hoe het opgefokte gevoel mijn hart verlaat en plaatsmaakt voor opluchting en rust. Direct realiseer ik me ook hoe ontzettend belachelijk ik me heb lopen aanstellen. Waar gaat het over? Waarom sta ik hier zelfmedelijden te hebben? Kijk om je heen, je bent gearriveerd, *this is Italy! This is your live! Enjoy it!*

Ik druk het gaspedaal in en geef een slinger aan de radio. Eros galmt over de graanvelden. Het lijkt alsof al mijn zintuigen in één klap op scherp staan. De knop is om. De kurk is van de fles, ik laat de stress los als een veertje in de wind en verbaas me erover hoe makkelijk dat gaat.

Voor het appartement zit mijn lief op me te wachten met een koel glas rosé. Hij heeft gekookt, de kasten ingeruimd en de bedden opgemaakt. 'Toch maar geen flitsscheiding?' vraagt hij glimlachend. De kinderen rennen me uitgelaten tegemoet. 'Mogen we dan nu eindelijk een ijsje?'

'Ja,' zeg ik, 'Ja, toe maar.' En ik neem me voor, na een halfjaar op alles 'nee' geroepen te hebben, nu eens een tijdje 'ja' te roepen. Ja, ik heb een leuke relatie. Ja, ik heb leuke kinderen. Ja, laten we de keuken verbouwen. Ja, ik ga wat meer genieten van het moment. Ja, ik heb best nog een leuk lijf. Ja, het komt allemaal goed met de economie. Ja, ik lust nog wel een glaasje. Ja, volgend jaar gaan we weer hierheen.

MIJN VERBODEN MINNAAR

Ik dacht dat ik van hem af was. Dat hij me niets meer deed, dat mijn leven eindelijk vorm had gekregen zonder hem en dat zijn prikkelende geur en zijn lange, slanke verschijning mij inmiddels koud lieten. Ik kon dagen, avonden naast hem zitten en hem geen blik waardig gunnen. Ik verachtte hem zelfs, vond hem de ultieme loser, met zijn blozende kop en zijn witte bast, wat had ik ooit in hem gezien? Smalend bedacht ik hoe verslingerd ik vroeger aan hem was. Hoe panisch ik werd als ik hem niet kon vinden, hoe chagrijnig ik was als ik ergens heen moest waar hij niet welkom was, hoe ik, nadat hij me had bevredigd, onmiddellijk weer wilde. Meer, meer, ik wilde altijd maar meer van hem, onverzadigbaar was ik.

Natuurlijk wist ik dat hij niet goed voor me was. Dat hij me uitwoonde, misbruikte en met hetzelfde gemak in de armen van een ander rolde. Hij gaf niets om mij, het was hem om het even wie zijn vuurtje oplaaide, als het maar gebeurde, maar ik was zo dom om te denken dat we iets speciaals hadden, dat hij bij mij hoorde en ik bij hem en dat ik een uitzondering was, dat ik wel oud zou worden met hem aan mijn zijde. Ik trok me niets aan van wat ze over hem zeiden: hij was mijn vriend, mijn minnaar, mijn troost en toeverlaat en het feit dat niemand daar wat van begreep, maakte hem alleen maar interessanter.

Samen vochten we tegen de belerende wereld, brachten we de mooiste nachten door, hielpen we vrienden in nood en huilden we om geleden verliezen. Hij bracht me op de mooiste gedachtes als ik even vastliep. En wat ik het heerlijkste aan hem vond: hij hield de wereld voor me op veilige afstand. Achter hem kon ik me verstoppen op ingewikkelde momenten, bij voorkeur tijdens moeizame conflicten, als ik me eenzaam en naakt voelde. Hij gaf me charme, zelfvertrouwen, een stoere, ongenaakbare uitstraling en ook iets van zijn onaangepastheid.

Maar de liefde werd een gevangenis, een dodelijk verbond en ik voelde me steeds vaker meer slaaf dan minnares. Ons samenkomen werd een plichtmatig nummer, een neurose en al wilde ik nog steeds heel vaak, bevredigend was het allang niet meer, verpletterd als ik me voelde door schuld en schaamte ten opzichte van mijn gezin, dat mij met man en macht probeerde te overreden mijn minnaar op te geven. En op een ochtend, toen hij mij in een afzichtelijk T-shirt met opdruk onder ogen kwam, had ik er ineens schoon genoeg van. Het moest over zijn en wel nu. Ik dumpte hem op brute wijze, er kwam zelfs geweld aan te pas, maar ik bevrijdde mezelf van hem en zijn vergiftigende invloed, tot grote opluchting van mezelf en iedereen.

Een jaar hield ik het vol zonder hem. Een jaar waarin ik opbloeide. Mijn conditie ging met sprongen vooruit, mijn huid straalde weer, mijn lijf werd voller en ik bruiste van energie en levenslust. Elke keer als ik hem tegenkwam, lachte ik hem recht in zijn gezicht uit: 'Kijk eens, ik red het prima zonder jou, lamzak! Ik geniet, ik leef, ik ben gelukkig!' Maar ik juichte te hard en te vroeg en hij zon op wraak. Bij voorkeur als ik drank op had, kwam hij wellustig mijn kant op, mij herinnerend aan onze mooie tijd samen. Zijn lokroep werd luider en luider, hij begon excuses in mijn oor te fluisteren: 'Nog één keer kan geen kwaad, we hebben het samen zo goed gehad! Je bent zo gespannen, neem mij, dat zal je goed doen!' In de armen van mijn vriendinnen lachte hij me uit, tartte me, noemde me een starre burgertrut en ik was zo jaloers, zo gekwetst als zij hem kusten en streelden en hij dit smeulend van genot toeliet, dat ik afdroop, naar huis, naar weer een nacht dromen over hem.

En gisteravond werd het me te veel. Er was ruzie over een kleinigheid en ik verliet met veel gevoel voor drama het huis. Ik sprong op mijn fiets en sprintte naar het café, waar ik hem aan de bar aantrof, zoals ik al verwachtte. Hij keek me aan en hij wist het. Hij wist dat ik naar hem zou graaien, onbeheerst, dat ik meer naar hem verlangde dan ooit, hij zag aan mijn ogen dat ik alle waarschuwingen in de wind zou slaan voor dit ene moment met hem. Ik trok hem woest uit zijn pak, vouwde mijn gulzige lippen om hem heen, stak zijn grijnzende kop in het vlammetje en zoog zijn troostende gif mijn longen in.

En nu? Nu ik wakker word met zijn smaak in mijn mond, heb ik spijt. En ik dump hem wel weer, mijn verboden minnaar. Morgen.

BORSTEN

Het is druk en warm in de nieuwste 'place to be' en ik wring me tussen de brallende kerels door richting de bar. Na wat gepers en gedoe bereik ik eindelijk plaats van bestemming, om daar het door mij en mijn vriendin zo begeerde glas te kunnen bestellen. Ik hang over de bar om de aandacht van de keeper te trekken als er ineens iets in mijn oor prikt. Het is de George Baker-baard van een prototype foute man, compleet met hangbuik en streepjespak en de man fluistert in mijn oor: 'Je bent best een lekker wijf, je moest alleen wat meer tieten hebben.' Uiteraard negeer ik hem, al bevriest het bloed in mijn aderen en wens ik mezelf zwarte band judo. Uiterst kalm bestel ik mijn biertjes en overweeg even ze over de gniffelende heren naast me te kieperen, maar dat zou zonde zijn. Elk woord, elke gedachte aan deze man is verspilde moeite, dus loop ik zo arrogant mogelijk weg en neem ik mezelf voor me niet te laten raken door deze dronkemanstekst. Maar natuurlijk raakt het me wel. Een wildvreemde, iemand die ik nooit iets heb aangedaan, viert zijn frustraties bot op mij, besluit om voor de lol mijn avond te vergallen, het is puur zinloos verbaal geweld dat ik graag met wat zinvol geweld beantwoord had. Gelukkig ben ik nu zesendertig en inmiddels trots op mijn puur natuur borsten, die weliswaar klein zijn maar derhalve nooit geplaagd zullen worden door de zwaartekracht. Had ik deze opmerking enkele jaren geleden naar mijn hoofd geslingerd gekregen, had het me veel meer pijn gedaan.

Het heeft twintig jaar geduurd voordat ik mijn erwten op een plank liefdevol aanvaardde. Als twaalfjarige verlangde ik wanhopig naar wat mijn vriendinnen allemaal al hadden: bobbeltjes onder hun tepels en schattige roze C&A-behaatjes. Het duurde en het duurde maar en tegen de tijd dat mijn tepels ietsepietsie begonnen te rijzen, bezaten zij al lang en breed cup B en C en werden ze begerig bekeken door juist die jongens waar ik verliefd op was. Ach, wat was ik jaloers op hun appel- en peervormige borsten, die bungelden wanneer ze dansten en prachtig opbolden in laag gesneden T-shirts. Bij mij bungelde er helemaal niets of het moesten de lege cups van mijn beha zijn. 70 AA Junior was mijn lot en al had ik dan mooie, dunne lange benen, dat maakte geen donder uit, borsten moest je hebben. Daar maakten de jongens handig gebruik van door in de portiek achter de plaatselijke disco te beweren dat het wetenschappelijk bewezen was dat sperma inslikken een explosieve werking had op je borstgroei. Mijn bewondering voor meisjes met cup C werd nog groter.

Uit pure wanhoop stopte ik tennissokken van mijn vader in mijn beha, of schoudervullingen, maar die wisten altijd op cruciale momenten omhoog te kruipen, om tijdens het dansen met een sierlijk boogje op de vloer te belanden, waarna ik ze met rood hoofd snel in een hoek schopte. Bleven ze zitten en ik had sjans, dan diende zich aan het eind van de avond een veel groter probleem aan. Haalde ik de sokken voortijdig uit mijn beha, dan zou mijn escorte zich afvragen waar mijn enorme borsten ineens waren gebleven. Hield ik ze in, dan zou hij onder het schijnsel van de maan ineens twee badstof proppen in zijn hand hebben. Een lose-lose-situatie dus.

Toen ik zwanger was heb ik even mogen beleven hoe heerlijk het is om een echt 'balkonnetje' te hebben. Tot het bittere einde heb ik dit trotse bezit uitgedragen, maar enkele maanden na de bevalling liepen ze jammerlijk leeg en viel er zelfs voor de wonderbra geen eer meer aan te behalen. Natuurlijk heb ik weleens overwogen om de natuur een handje te helpen met het excuus dat ik het 'puur voor mezelf, voor mijn gevoel van eigenwaarde' zou laten doen. Maar al gauw realiseerde ik me hoe tegenstrijdig dit is, om voor 'je gevoel van eigenwaarde' je lichaam te laten verminken, met messen je borsten te lijf te gaan en er troep in te laten stoppen dat kan lekken, verkleven en verkapselen waardoor het lijkt of je nog steeds met tennissokken in je beha loopt. Daar was mijn gevoel van eigenwaarde te groot voor.

Vanavond ben ik mezelf eeuwig dankbaar voor dit inzicht. Bleek niet uit onderzoek van *Playboy* dat vooral mannen met een laag IQ op grote borsten vallen? Had ik me laten opereren, had ik nu dat enge hangbuikzwijn met zijn George Bakerbaard achter me aan gehad.

GODINNEN VAN DE JACHT

'Wanneer heb je voor het laatst het gave gevoel gehad dat er wat spannends stond te gebeuren?' Die vraag werd me onlangs gesteld in verband met mijn burgerlijke status als getrouwde vrouw (suf), moeder van twee kinderen (blèh, kan het burgerlijker) en woonachtig buiten Amsterdam (het ultieme bewijs van ingekaktheid), door een single stadse meid die doet wat haar hart haar ingeeft. Wat zij niet wist, en wat ik haar ook niet aan haar wijze neusje wilde hangen, was dat precies op het moment dat zij me die vraag stelde, mijn hart bijkans mijn lijf uitbonkte van opwinding over al het spannends dat op het punt stond te gaan gebeuren. En dat heb ik allemaal te danken aan Heleen, lieve Heleen van Royen die in één klap die irritante, bijdehante, stadse single vrouw knock-out slaat door een getrouwde moedermuts uit de provincie op de literaire kaart van Nederland te zetten. Waren wij moeders uit de provincie niet verworden tot onkruid dat verpieterde in de schaduw van de bloeiende vrijgezelle? Beklagenswaardig en oninteressant, eeuwig veroordeeld tot elkaar en tot saaie seks met onze zielige mannen? Werden wij in de media niet uitsluitend besproken als probleemgeval, terwijl 'de happy single' keer op keer in het zonnetje werd gezet? We werden beschimpt door Bridget Jones, bedrogen door Carie en Samantha, belachelijk gemaakt door de meiden van *Wodka Lime*. Maar die tijd is nu voorbij. Wij hebben sinds kort onze eigen heldin die vrolijk en provocerend door medialand huppelt. Een heldin die ons 'smug marrieds' ruw uit een jarenlange winterslaap heeft gewekt, die korte metten maakt met onze seksburn-out en onze levenssappen weer rijkelijk doet vloeien. Gulzig smullen we in bed van Diana's avonturen, waarna we met hoogrode konen onze mannen bij *Barend & Van Dorp* vandaan sleuren om ons ter plekke te bevredigen. Er blijkt leven na het huwelijk en dat leven is verrukkelijk! Eindelijk is er een vrouw opgestaan die durft te doen waar wij stiekem van dromen en die bewijst wat wij weigerden te geloven: dat seks leuk is en getrouwd zijn niet het einde van *life as we know it* hoeft te betekenen. Waarom zouden we moeilijk doen? Waarom zouden we niet *best of both worlds* mogen hebben? Man én minnaar? Kinderen én goede seks? Groots en meeslepend leven én in een nieuwbouwwijk wonen? Ha, stadse single, *be aware*, je tijd als alleenheerseres over stad en loungeclub is voorbij, we komen eraan. We hijsen ons in onze heupbroeken, stappen in onze Pandaatjes, geven gas met onze stilettohakken en komen jullie jachtgebied veroveren. We kunnen onze verlangens, na ze jarenlang genegeerd te hebben ten behoeve van de monogamie, niet langer onderdrukken. Ons leven is niet al half voorbij, het is nog maar half begonnen! Heleen heeft onze knopjes ingedrukt en we zijn niet meer te stuiten. Massaal ontvluchten we onze woonkeukens, IKEA-kamers en Gamma-patio's, onze zappende mannen en verwende kinderen om ons over te geven aan bandeloze seks in jullie city, waarna we rozig van genot huiswaarts keren om spinnend van geluk de overblijftrommeltjes te verzorgen. En wij zeuren niet aan het hoofd van de minnaar om telefoonnummers en e-mailadressen. Wij hoeven niet met hem naar de film als hij net met zijn vrienden voetbal wil kijken. Hij hoeft niet mee naar onze moeder, en zijn moeder willen we al helemaal niet zien.

Het zal alleen even wennen zijn voor onze echtgenoten, maar ach, die waren toch al in de war. Als ze eenmaal ontdekken dat we ze niet meer aan hun kop zeuren en we er in bed heel wat leuks bijgeleerd hebben, draaien ze vanzelf wel bij.

KONINGSWENS

Een moeder van deze tijd wil haar zoon en dochter gelijkwaardig opvoeden. Hij dient een zachte, zorgzame man te
worden en zij bij voorkeur een assertieve, zelfbewuste dame.
Prachtige idealen, die al snel in rook opgaan wanneer jouw
zoon met pistolen door de tuin rent en je dochter druk bezig is
met het strijken van poppenkleertjes. Is er nog hoop voor onze
jongens en meisjes of zitten de sekseverschillen gewoon in de
genen?

Laat ik beginnen met de mededeling dat ik geloof in het
laatste. En ik kan het weten, want ik ben deskundig. Ik heb een
zoon en een dochter. Mijn 'koningswens' is uitgekomen. Voor
ik kinderen had, geloofde ik werkelijk dat er, behalve het zicht-
bare anatomische verschil, geen verschil bestond in het hebben van een zoon of een dochter. Een baby werd blanco geboren, was een onbeschreven blad en wij, de ouders waren
verantwoordelijk voor de vorming van het kind tot jongen of
meisje. Ik verbaasde me geërgerd over de twee jongens van een
vriendin. Zoals ze overal schreeuwend opklommen, met
plastic pistooltjes in de hand, en hoe ze elkaar voortdurend
omduwden, dat zij dit tolereerde! Mocht ik ooit een zoon krijgen, dan zou ik hem niet voorzien van wapentuig, maar hem
leren lief te zijn voor anderen. Hij zou de ideale man worden,

zacht en zorgzaam, vol zelfvertrouwen, sterk, maar zeker niet agressief. Hij mocht van mij spelen met poppen en theeserviesjes, met blokken en autootjes. Hij moest helpen koken en tafeldekken en ik zou hem elke dag knuffelen, opdat hij nooit bang zou zijn voor fysiek contact.

En ik kreeg een zoon. Een acht pond zware beer van een jongen met de stem van een reus. Nog maar nauwelijks op deze wereld en hij bracht al luidkeels zijn eisenpakket ten gehore: ik wil aan de borst en wel nu! Lawaai maken, heftig stoeien en met pollepels op mijn pannen rammen, daar hield mijn jongen van. Driftig hees hij zichzelf al met acht maanden omhoog aan de spijlen van de box en met een rood hoofd stootte hij daarbij een oerkreet uit. Ik wist het zeker, ik had een Neanderthaler gebaard. Uitgerekend ik had een zoon gekregen die 'de sterkste man van…' zou worden. Toen hij ging lopen, met tien maanden, was er helemaal geen houwen meer aan. Gezellig samen op de bank een boekje lezen? Vergeet het maar. Rondrennen, speelgoed stukslaan, overal op- en inklimmen, naar buiten moest hij, met stokken zwaaien. Macho's worden niet gemaakt, ze worden geboren.

Hoe anders was mijn dochter, die twee jaar later op de wereld kwam. Een tengere baby, die nooit huilde en alles best vond. Die urenlang in de box kon spelen met een boekje en helemaal geen haast had met zich optrekken en lopen. Lekker bij pappa of mamma op schoot, beetje duimen en rondkijken. En later ging ze thee zetten voor haar knuffels en rondjes draaien voor de spiegel in haar roze jurk. Haar grootste wens was een huil- en plaspop en plastic roze pumps. De blokken, garages en autootjes van mijn zoon negeerde ze volkomen met dezelfde minachtende blik waarmee mijn zoon haar poppen en verkleedkleren bekeek.

En zo zit ik dus vandaag, op een regenachtige zomervakantiemiddag, tussen een perfect opgemaakt feetje, gehuld in een roze tule balletpakje, paarse glitterpumps, roze panty's en een kroontje van goudkleurige plastic edelstenen, en een Darth Vader (slechterik uit *Star Wars*), compleet met zwarte cape, laserzwaard en walgelijk lelijk synthetisch Star Wars-shirt. Wat me nog enigszins hoop op een geëmancipeerde toekomst geeft, is het feit dat ze samen spelen: Darth is de vader van hun baby en hij is nu de draak aan het verslaan, terwijl mijn feetje soep met gif kookt om de boeven dood te maken.

Hebben mijn lief en ik het slechte voorbeeld gegeven? Volgens mij niet. Onbewust onze eigen seksistische verwachtingen aan onze kinderen opgedrongen? Onmogelijk.

Leven we wel politiek correct genoeg, wat betreft het verdelen van de zorg? Ik dacht het wel. Ik maak me zelden op en toch doet mijn dochter niets liever dan zich vol smeren met make-up. M. is een zachte, gevoelige man en toch hebben wij een zoon die bewapend door de tuin sluipt en zich met een oerkreet op vermeende boeven stort. Het zit hem in de genen. Jammer voor onze feministische moeders, die dachten onze toekomst positief te beïnvloeden door hun dochters een tuinoveral aan te trekken en een gereedschapskist te geven en hun zonen te leren breien en met poppen te laten spelen. Het heeft niet geholpen. *Boys will be boys*, al trek je ze een jurk aan, zo blijkt ook uit het verhaal van een babyjongetje dat in 1960 bij een mislukte besnijdenis zijn piemeltje verloor. Men besloot hem chirurgisch een vagina aan te laten meten en hem met behulp van vrouwelijke hormonen op te voeden tot een meisje. Jarenlang ging dit goed en werd dit 'meisje' als bewijs gebruikt om aan te tonen dat we in wezen sekseneutraal zijn en dat jongens- of meisjesgedrag is aangeleerd. Pas in 1997 kwam de waarheid omtrent dit 'meisje' aan het licht, in een medisch tijdschrift. Ze vertelde in een artikel dat ze zich haar hele leven ongemakkelijk had gevoeld als meisje en later als vrouw. Pas toen ze veertien werd en zo in de war was dat ze een einde aan haar leven wilde maken, vertelden haar ouders haar de waarheid: dat ze als jongen geboren was. Zij besloot weer een jongen te worden, trouwde later met een vrouw en adopteerde haar kinderen.

Jongens voelen zich dus wezenlijk anders dan meisjes, omdat ze ook wezenlijk anders zijn. Dat hangen in bomen, zwaaien met stokken, schreeuwen op het schoolplein en scheuren met brommers, kunnen jongens ook niet helpen: het is het testosteron dat hen hiertoe opjaagt, volgens Steve Biddulph, gezinstherapeut en schrijver van de bestseller *Jongens, hoe voed je ze op?* Testosteron wordt in de achtste week van de zwangerschap, tegelijk met het actief worden van het Y-chromosoom, aangemaakt en het maakt van het meisjesembryo een jongen. Tot die achtste week zijn alle embryo's meisjes.

Testosteron is een groeihormoon. Het zorgt ervoor dat de jongen testikels en een penis krijgt en later schaamhaar, acne en sterke seksuele lustgevoelens. Het maakt dat jongens actiever, onrustiger, dominanter en agressiever zijn dan meisjes. Een experiment van ontwikkelingspsychologe Eleanor Maccoby toont aan dat jongens al op zeer jonge leeftijd heersersgedrag vertonen. Zij zette twee peuters van tweeënhalf tot drie jaar bij elkaar in een speelruimte die bezaaid lag met speelgoed. Als de kinderen met een kind van hun eigen geslacht mochten spelen, waren meisjes en jongens even vriendschappelijk, maar als een meisje en een jongen bij elkaar werden gezet, vertoonden beiden verontrustend gedrag. Het meisje koos voor de passieve rol van toeschouwer, terwijl de jongen zich al het speelgoed toeëigende. Maccoby in haar boek *Gedragsverschillen tussen jongens en meisjes*: 'De sociale structuren die zich in mannelijke en vrouwelijke sociale groepen aftekenen, zijn verschillend. Mannelijke groepen zijn meestal groter en hiërarchischer. Jongens zijn meer gericht op wedijver en dominantie, op het afbakenen en verdedigen van een eigen gebied en op het bewijzen van hun stoerheid en daarom zijn ze meer geneigd andere jongens rechtstreeks te confronteren, risico's te nemen, weddenschappen aan te gaan en zichzelf op de voorgrond te plaatsen. Hoewel natuurlijk ook meisjes uit zijn op het realiseren van individuele doelstellingen, zijn ze meer dan jongens gericht op het instandhouden van de groepscohesie en van op samenwerking gerichte vriendschappen, waarin sprake is van wederzijdse ondersteuning. Hun onderlinge relaties zijn intiemer dan die van jongens.'

Met al die gierende testosteronhormonen in hun lijf en die hersenhelften die maar geen verbinding kunnen maken, zijn jongens volgens vele deskundigen tegenwoordig het zwakkere geslacht aan het worden. In West-Europa en de vs woeden al decennia geen oorlogen meer, op voedsel hoeft niet meer gejaagd te worden en mannelijke eigenschappen als wedijver, competitie, overheersingdrang en agressie worden tegenwoordig als negatief gezien. Een jongen mag zich nauwelijks nog als jongen gedragen. Hij wordt al gauw druk en onhandelbaar genoemd en gedrogeerd met Ritalin, het medicijn tegen hyperactiviteit waar in Engeland en de vs een kwart van de schoolkinderen aan schijnt te lijden, allen jongetjes. Terwijl meisjes het steeds beter gaan doen op school, de universiteit en in het bedrijfsleven, raken de jongens in de war: vier keer zoveel jongens als meisjes hebben leerproblemen op de basisschool, vier keer meer jongens maken een einde aan hun leven in de pubertijd.

En de meiden? Die nemen met hun communicatieve en sociale vaardigheden het heft in handen. Ze zijn even slim, zitten tegenwoordig ook op judo en voetbal, leren thuis en op school weerbaarder te worden en krijgen het zelfvertrouwen met de paplepel in gegoten. Dus nemen zij tegenwoordig het initiatief om een jongen te versieren, volgens een onderzoek van condoomfabrikant Durex: ruim de helft van de Nederlandse meiden vanaf dertien jaar versiert zelf in plaats van zich te laten versieren.

Toch schijnen zelfs de meest stoere, zelfstandige en zelfverzekerde jonge meisjes hun zelfvertrouwen in één klap te verliezen als ze in de puberteit komen, volgens Carol Gilligan in haar boek *Meeting at the Crossroads*. Op de leeftijd van elf en twaalf jaar beginnen meisjes hun emoties te onderdrukken, worden ze bang hun stem te verheffen en gaan ze zelf het kleinste conflict onzeker uit de weg. Volgens Gilligan leert onze maatschappij onze meiden nog steeds om hun eigen behoeftes op de laatste plaats te zetten en wie zijn daar schuldig aan? Juist, de moeders. Onze dochters imiteren ons en als wij onszelf opofferen voor anderen, conflicten proberen te vermijden en ontevreden zijn over ons lichaam, zijn zij dat ook.

In mijn angstdromen zie ik mijn dochter al in minirok, met navelpiercing, blote-buikentruitje en een Durex in haar tasje één of andere engerd versieren, terwijl mijn zoon, opgejaagd door testosteron en zijn miskende mannelijke eigenschappen, in het café met de barkrukken loopt te smijten.

Is er nog hoop voor mijn zoon en dochter op een positieve toekomst waarin ze als gelijken met elkaar omgaan en niet langer beperkt worden door rollenpatronen en stereotypes? Als ik de pessimistische verhalen in de media moet geloven, nauwelijks. Met onze jongens gaat het steeds slechter. Ze zijn hyperactief, blijven zitten, gaan steeds meer drinken en wapens bezitten, komen steeds jonger in aanraking met de politie, hebben schulden, kijken de hele dag gewelddadige films, spelen computerspelletjes en bezondigen zich in de weekenden aan zinloos geweld. Onze meiden raken tegenwoordig al rond de tien jaar in de puberteit en krijgen vervolgens anorexia, boulimia of een depressie, gaan als dertienjarige op houseparty's nachtenlang halfnaakt dansen onder invloed van xtc, worden verliefd op een loverboy en belanden in de prostitutie. We kunnen de televisie niet aanzetten of we zien beschonken jongens het ene na het andere minderjarig delletje aflebberen in Salou of op Ibiza, en wie een paar avonden tmf bestudeert, krijgt ernstige twijfels over het iq van onze jeugd. Het is een hele kunst om als ouder het hoofd koel te houden onder deze alarmerende berichtgeving. Zeker wanneer opa's, oma's en bevriende, bewust kinderloze stellen hun zorgen over ons kroost uitspreken en daarmee impliceren dat wij, ouders, massaal falen als opvoeders. Kijk ik dan nog eens goed naar mijn zoon die de Beach-glitter-Barbie van mijn dochter door de kamer schopt ('*I kill you, Obi Wan!*') terwijl mijn dochter met de My First Sony-microfoon in haar hand de hitsige bewegingen van Madonna imiteert, ja, dan begin ik me ook ernstig zorgen te maken.

Onzin, beweert Maarten Kleijne, filosoof en directeur van het marktonderzoeksbureau sarv. Sinds 1985 praat hij maandelijks met jongens en meisjes in de leeftijd van vijf tot vijfentwintig en hij is zeer positief over onze zonen en dochters: 'Media zijn gespitst op slecht nieuws en veel deskundigen die tot onrustbarende conclusies komen, zien zelf nauwelijks kinderen. De meiden van nu zijn veel verstandiger dan wij denken en barsten van zelfvertrouwen, evenals de jongens. Ze zijn geboren uit een bijzondere generatie ouders: de eerste generatie die werkelijk communiceert met hun kinderen. In de jaren vijftig en zestig werd de kinderen van alles ingeprent, in de jaren zeventig moesten ze verplicht overal tegen zijn en de ouders van nu zien hun kinderen als individuen. Met het wegvallen van het traditionele rollenpatroon zien we de verschillen tussen jongens en meisjes juist scherper en bewuster worden. De meeste meisjes vinden computerspelletjes dom en houden meer van eindeloos babbelen met hun vriendinnen. Dit is de eerste werkelijk geëmancipeerde generatie. Ze hoeven niet langer braaf te zijn, mogen aantrekken wat ze zelf willen, worden gestimuleerd om te gaan studeren en zelfstandig te zijn en toch blijven het echte meisjes. Met dit verschil dat ze veel minder gefrustreerd zijn dan voorgaande generaties. Ze hebben geleerd trots te zijn op wie ze zijn. Leken meiden in groepjes vroeger allemaal op elkaar, nu zie je meidengroepjes waarin de een zich sexy kleedt, de ander alternatief en de derde studentikoos. Omdat ze van huis uit de ruimte hebben gekregen te ontdekken wie ze zijn, durven ze zich van elkaar te onderscheiden, iets wat pubers vroeger nooit deden.

Ook de jongens doen het, in tegenstelling tot wat de kranten en veel Amerikaanse pedagogen beweren, hartstikke goed. Ze zijn ontzettend slim, slimmer dan hun ouders vaak, zeker wanneer het gaat om computers. Ook voor jongens geldt dat naarmate ze ouder worden, relaties met vrienden het belangrijkste zijn. Seks is veel minder belangrijk. Al heel jong weten ze precies hoe het werkt, al hun vragen zijn beantwoord, ze mogen alles, waarom zouden ze dan iets doen dat nog niet lekker voelt? Ook de jongens hebben tegenwoordig in de gaten dat praten de oplossing van veel problemen is. Ze gebruiken termen als: aan een relatie moet je werken, in investeren, iets voor over hebben. Ze zijn hun eigen therapeut. Wat geweld betreft, er wordt veel minder gevochten dan vroeger, maar als het voorkomt, wel heftiger. Vroeger had iedere jongen een mes en was het elk weekend matten op de kermis. Ook het drugge-bruik is sterk verminderd, wie drugs gebruikt wordt gezien als een "loser". De jongens die ik spreek ondergaan een house-party helemaal nuchter en zeggen dat het "housen" (het dansen) op zich al een geweldig blij gevoel geeft.

Meisjes en jongens hebben nog steeds hun eigen cultuur, maar doen daarbinnen waar ze zelf zin in hebben. En wanneer ze in de problemen zitten met seks of drugs of geweld, dan komt dat veel sneller naar buiten. Incest lijkt vaker voor te ko-men, omdat erover gepraat wordt, maar in werkelijkheid komt het veel minder vaak voor dan vroeger. Dat geldt ook voor bij-voorbeeld pesten op school. Vroeger gebeurde dat in het ge-niep en hield iedereen, inclusief onderwijzers en ouders, zijn mond.'

Laat de meisjes dus maar lekker met hun poppen tutten, en de jongens met hun klapperpistooltjes door het bos ravotten. Het zegt niets over hun toekomst, die er volgens mij zeer positief uitziet. Vooral omdat onze kinderen praten. Met elkaar, met ons, met de onderwijzer, met iedereen die maar wil luisteren. Marit, al vijftien jaar lerares Nederlands op de havo: 'Het is on-gelooflijk hoe eerlijk kids op je af kunnen stappen met een probleem. We waren op werkweek toen er 's morgens om acht uur een jongen op me af kwam en vertelde dat ik even met hem en zijn vriendinnetje naar een arts moest, want hun condoom was 's nachts gescheurd en zij moest de morning-afterpil. Zonder blikken of blozen. Fantastisch toch? Dat hadden wij vroeger niet gedurfd. Zo volwassen en verantwoordelijk en ge-ëmancipeerd van die jongen. Die zombies waar wij vroeger mee omgingen, wisten niet hoe snel ze ervandoor moesten gaan als er problemen waren.'

Jongens leren praten en zorgen, meisjes leren voetballen en van zich af slaan. Betekent dit dat onze samenleving langzaam verandert in 'een mietjesmaatschappij'? Nee, natuurlijk niet. Het betekent dat zowel jongens als meisjes zichzelf eindelijk kunnen ontwikkelen voorbij het rollenpatroon, dat ze beiden de kans krijgen te doen waar ze echt goed in zijn. Het leven wordt er voor hen alleen maar leuker op: ze mogen doen waar ze zin in hebben en zijn wie ze zijn. En zo kan het gebeuren dat mijn zoon in gevechtstenue zit te snikken om een dood baby-poesje, terwijl mijn dochter haar poppen met harde hand vermaant stil te zijn, omdat ze moet werken.

Bronnen:

S. Biddulph, *Jongens, hoe voed je ze op?* Elmar, Rijswijk 1999.

J. Rich Harris, *Het misverstand opvoeding.* Contact, Amsterdam 2000.

AUTOSTRESS

Een man, een vrouw en een auto. Hij rijdt, zij leest kaart. Zij zingt mee met de radio, hij ergert zich aan de diskjockey. Ze zijn samen op pad. Naar een bruiloft of een opening of een weekendje weg. De kaart ligt op haar schoot en ze droomt wat, terwijl ze naar buiten kijkt. Hij begint te schelden. File. Zij haalt haar schouders op. Maak je niet zo druk. We hebben alle tijd. Ze draait aan de tuner. The Supremes. Lekker. Hij tikt nerveus met zijn hand op het stuur. Verdomme. Altijd hetzelfde gezeik. Je kan nergens meer heen met de auto. Zij zucht. Ze denkt: ik heb het nog zo gezegd, als we een uur eerder waren vertrokken, hadden we voor de file uit gereden. Maar jij moest zo nodig nog koffie en poepen en nog een bakkie. Ze zegt het niet, hij weet toch wel wat zij denkt. Ze wil geen ruzie. Zo vaak gaan ze niet samen ergens naar toe, zonder kinderen. Ze probeert zich te herinneren wanneer de laatste keer was.

Moeten we er hier af? vraagt hij en ze schrikt. Oh shit. Eh, is dit de N31? Nee, nee, de volgende. Je moet Zwolle aanhouden. Hij geeft gas. Weet je het zeker? Ze zegt van wel. Ze kijkt nog even op de kaart. Haar handen worden nat en het bloed stijgt naar haar hoofd. Ze hadden er wel af gemoeten. Niks zeggen, de volgende afslag leidt ook naar waar ze moeten zijn. Het is wat om, maar misschien heeft hij het niet door. Natuurlijk heeft hij het door tegen de tijd dat ze vast staan op een industrieterrein, stoplicht na stoplicht en hij de kaart uit haar handen heeft gerukt. Trut. Het is ook altijd hetzelfde met jou. Godverdomme, we hadden er al lang kunnen zijn. Je hoeft maar één ding te doen. Op die kaart kijken. Van tevoren, niet als we al voorbij de afslag zijn. Hij raast en tiert en zij begint ook boos te worden. Als jij het zo goed weet, waarom lees jij die stomme kaart dan niet en laat je mij rijden? Nu moet ze de zaken niet gaan omdraaien. Omdraaien? Jij bepaalt altijd alles. Ik mag nooit rijden in jouw auto. Ja, als je dronken bent, dan mag het ineens wel.

Ze besluit niks meer te zeggen. De hele dag niet meer. En als hij nog even doorgaat, stapt ze uit. Pakt ze de trein terug. Ze haat dit. Ze haat hem. Ze haat het om altijd ruzie te krijgen als ze samen ergens heen rijden. Ze haat het omdat ze het als kind al haatte als haar ouders zo tegen elkaar tekeergingen in de auto. Toen had ze zich voorgenomen nooit zo te worden. En kijk waar ze terecht is gekomen? Hoe ze erbij zit, naast haar man, tas op schoot, haar verkrampte hand om de kaart. Het is te min voor woorden. Te laag, te burgerlijk, te plat. Vroeger maakte het hen niet uit of ze te laat kwamen. Gingen ze gewoon een dorpje in om koffie te drinken en hadden ze eindeloze gesprekken in de auto. Draaiden ze zelf opgenomen bandjes in plaats van naar Sky Radio te luisteren. Vroeger waren ze samen op de vlucht voor dit soort bekrompenheid. Reden ze weg en voelde het of ze wegvlogen, over alles en iedereen heen. Toen telde elke minuut dat ze samen waren en zeiden ze 'geeft niet, ik hou van je' als er een keer wat misging. Toen waren de stiltes tussen hen vol opwinding en verlangen. Lachte hij bulderend toen ze vertelde van die ene keer dat haar moeder midden in het Ruhrgebied uit de auto was gestapt met de mededeling dat ze wilde scheiden. Nu valt er niets meer te lachen.

Straks pas weer, als ze teruggaan en hij een paar biertjes op heeft. Dan zal hij de muziek harder zetten en meezingen, terwijl zij rijdt. Hij zal een biertje voor onderweg meenemen en zijn benen op het dashboard neerleggen en zuchten: wat een luxe. Zij zal hem thuis brengen zonder kaart, gewoon Amsterdam aanhouden, al rijden ze een stukkie om. En eenmaal thuis zal hij seks willen, maar dat kan hij vergeten.

DE VRIJETIJDS BURN-OUT

Waarom we met z'n allen steeds meer werken? Omdat we bek-
af worden van onze vrije tijd. We moeten mountainbiken, tae-
bo-en, skeeleren, fitnessen, uit eten, naar de markt, internetten, naar het pretpark met de kinderen en 's avonds nog Japans
koken voor visite. De werkplek is tegenwoordig een oase van
rust. Daar kan je je nog legitiem vervelen, thuis is dat uit den
boze.

Vrije tijd, we doen er zoveel moeite voor het te verwerven. We
pleiten bij de baas voor deeltijdwerk en zorgverlof, nemen een
au pair, een werkster, een afwasmachine en een droger en verdelen de zorg voor het huisje, boompje en beestje, allemaal om
wat uurtjes over te houden. We schaffen *deckchairs*, Jamai-
caanse hangmatten, zonnebanken, schommelbanken en allerhande verstelbare luie stoelen aan en dromen ervan daarin een
tijdje duttend door te brengen, maar doen dit nooit. Zelfs op
het toilet, de plek bij uitstek voor bezinning in alle rust, zijn we
dankzij de draadloze telefoon nog bereikbaar. Zomaar even
zitten is er niet meer bij, naast de meeste wc's staat de leesmand
vol met lifestyle-bladen, opdat we al poepend kunnen lezen
hoe we onze vrije tijd kunnen doorbrengen. Tijdschriften over
de leuke dingen van het leven: zeilen, autorijden, sporten,

tuinieren, huizen inrichten, reizen, funshoppen, koken... er bestaat geen hobby of er is wel een blad voor. Lentekriebels? Eropuit! schreeuwen de koppen. Ga mee met een luchtballon, duikcursus, beautyworkshop, Feng Shui-cursus, fietsen op Vlieland of logeren in een woestijntent!

Het gemiddeld aantal uren vrije tijd van de twintig- tot vijftig-jarige is vanaf 1975 afgenomen van 46 naar 42 uur, terwijl deze tijd steeds gevarieerder besteed wordt. Stelden onze ouders en vooral grootouders het genieten nog uit tot na hun pensioen, wij willen niet morgen, maar nu leven. De hijgerigheid van het moderne arbeidsethos is overgeslagen op ons privé-leven en daarmee zijn we de kunst van het vervelen verleerd. Met volle teugen dienen we te genieten van het leven, geen moment mag verspild worden. Met het mobieltje in de hand rossen we door het ganse land, elkaar al filerijdend op de hoogte houdend van evenementen, braderieën en kunstmarkten. Zoveel keuzes, zoveel mogelijkheden om de vrije tijd nuttig te besteden. We willen wel een boekje lezen met de kleine op de bank, maar buiten ligt de Provençaalse tuin te smeken om een beurt, want Provençaals is helemaal uit, we moeten nu Japans en zen. En IKEA heeft SALE deze week. Een mooie gelegenheid om op de vrije koopzondag dat vrolijke azuurblauwe servies in te ruilen voor sober grijs.

Vroeger bestonden er nog geen koopzondagen. Toen zaten er nog oude mannen op een omgevallen boom in de schaduw te keuvelen en te kijken naar spelende kinderen, terwijl de vrouwen een rondje om de kerk kuierden. Nu gaan we naar Grie-kenland, Frankrijk of Spanje, of liever nog naar Cuba of Zan-zibar om dit soort taferelen te aanschouwen. 'Wat heerlijk is het daar,' zeggen we dan, 'daar heerst nog echte rust en vrede.

Wat doen we hier met z'n allen, we lijken wel gek.' Maar als er dan door de lokale overheid voorgesteld wordt de autoloze zondag in ere te herstellen, staan we op onze achterste poten. Want waar moeten we heen zonder auto? Wat is een zondag zonder file, zonder winkelen en ijsjes en patat?

Niet iedereen gaat eropuit op koopzondag, gezien het lawaai dat bij ons in de straat klinkt als de zon zich maar even laat zien. Alle elektrische apparaten worden uit de schuur gesleept en een koor van heggenscharen, kettingzagen, bladerblazers, grasmaaiers en tuinsproeiers zingt de hele dag, zo nu en dan overstemd door in midlifecrisis verkerende mannen op motoren en babyboomers in hun glimmende cabriootje. De natuur lonkt, stilte is er om verstoord te worden, herrie een bewijs van genieten. Leef bewust, ervaar elke minuut als je laatste, beleef die zonsverduistering, stort je in het feestgedruis op Koninginnedag, verspil geen seconde en ga eropuit, er is nog zoveel te doen... zoveel te doen.

'De vrijheid om iets te doen, is de verplichting geworden om iets te doen,' schrijft de Canadese socioloog Rybczynski in zijn boek *Waiting for the weekend*. In het weekend moet het gebeuren, moeten we ons ontwikkelen, sociaal bewegen, dingen meemaken en op de hoogte blijven, om vervolgens op maandagochtend gapend bij de koffiemachine te staan en een antwoord te hebben op de vraag: 'En, wat heb jij gedaan dit weekend?'

Nou, bijvoorbeeld met nog honderdduizend man een marathon gelopen, één van de vele pop-, jazz-, of bluesfestivals bezocht, indoor geskied en op zondag nog even gerommelmarkt. Of geklust bij vrienden die al twee jaar al hun vrije uren besteden aan het verbouwen van hun huis, twee kraamborrels bezocht en met vriendinnen naar een bruidsbeurs. Alles onder het motto 'Blijf in Beweging. Stilstand is achteruitgang!'

Het massaal aflopen van allerhande evenementen is in de plaats gekomen van het kerkbezoek op zondag. Al geloven we niet meer in God en samen zingen, toch zijn ook wij atheïsten op zoek naar het gevoel ergens bij te horen, iets collectief te beleven. We willen ons leven, naast het werk en televisiekijken, zin geven. Sinds de jaren vijftig is het gemiddeld aantal vrijetijdsactiviteiten per persoon verdubbeld van vier verschillende bezigheden per weekend naar acht of negen. Dus veroorzaken we met z'n allen per jaar zo'n zeshonderd files richting sportevenementen, bos, strand en meren, tentoonstellingen, pretparken en zwarte markten. Op zoek naar opwinding, het buikgevoel, emotie ofwel een 'rock-ervaring' volgens popsocioloog Simon Frith.

Naast het najagen van ultieme collectieve ervaringen en het hysterisch aflopen van alle hypes om tegen de thuisblijvers te kunnen roepen dat ze 'echt wat waanzínnigs hebben gemist', hebben we het ook nog eens erg druk met ons sociale leven. Via werk, sport, cursus en vakantie leren we ook hordes mensen kennen. Bleef de kennissenkring van onze ouders beperkt tot de buren, familie en een enkele boezemvriend(in) uit school- of studietijd, wij grossieren in vage vriendschappen. Een avondje doorzakken met een collega en hup, de volgende afspraak staat alweer in de agenda genoteerd. Bedenk daarbij dat we om de twee jaar van werkkring veranderen en je hebt zo een adresboekje vol bevriende (ex)collega's. Bij fitness, zwangerschapsgym, Tibetaanse kookcursus of workshop intuïtief aquarelleren ontmoet je altijd wel een zielsverwant met wie het gezellig koffiedrinken is en voordat je het weet, ga je samen fietsen door Toscane. Al die echtparen van Samen Bevallen nodigen je uit voor hun kraamfeest en komen ook bij jou op kraamvisite, plus die (ex-)collega's en medecursisten en jaar-clubgenoten. Er is ook altijd wel een hyperactieve ex-club-cursus-workshopgenoot die op het rampzalige idee komt een reünie te organiseren. Elke club en elk bedrijf heeft tegen-woordig een feestcommissie om sinterklaasfeesten, paasont-bijten mét eierenzoektocht, kerstborrels en tennistoernooien te organiseren en zodoende kan het voorkomen dat je met je kind de goedheiligman al zo'n elf keer ontmoet hebt voor het 5 december is.

Verjaardagsfeestjes van kinderen worden uitgebreid ge-vierd met niet alleen een partijtje, maar ook een borrel (met hapjes) voor de ouders. Vriendinnen richten eet-, lees- en siga-renclubjes op en tussendoor sta je ook nog ingeschreven bij drie vrouwennetwerken.

Aristoteles schreef dat we werken om vrije tijd te hebben en volgens hem was vrije tijd: de vrijheid om niets te hoeven doen. Maar het gezegde 'ledigheid is des duivels oorkussen' verdrong Aristoteles' interpretatie van vrije tijd. Luieren, al blijf je in je eigen huis, is taboe. Zitten in de tuin mag, maar dan wel met een laptopje op schoot, of met je handen in een aarde-werk pot. Geen wonder dat steeds meer jonge mensen, met na-me vrouwen, 'burned out' raken. We kunnen niet meer ont-spannen, opgedraaid als we zijn van al die activiteiten waartoe we ons om mysterieuze redenen verplicht voelen. Vrije tijd is voor ons de tijd om ons leven vorm te geven, om te laten zien wie we willen zijn: een actief, sportief, sociaal, cultureel, eigen-tijds, spiritueel wezen. Iemand die overal voor 'in' is. Uit angst om burgerlijk te zijn, in te kakken en te vallen in het gat dat sleur heet, hollen we onszelf volledig voorbij. Zelfs activiteiten die zijn bedoeld ter ontspanning, ondergaan we hyper van de stress: hijgend belanden we in de stoel van de schoonheidspecialiste, onszelf toesissend dat we moeten ontspannen, op een zonnige stranddag lopen we druk te doen met vliegers, surfplanken, beachvolley, boemerangs en frisbees, maak een wandelingetje door het Vondelpark in Amsterdam en je wordt helemaal paranoia van al die mensen in beweging. Ik krijg ook wat van vriendinnen die van alles tegelijk willen doen: wanneer je een goed gesprek met ze hebt, zenuwachtig aan hun mobieltje gaan zitten wriemelen en 'even een sms'je' moeten versturen. Soms heb ik de neiging om tegen iedereen te roepen wat ik dagelijks tegen mijn kinderen roep: ZIT NOU EENS STIL!

HET DORPSPLEIN

Ik zit gelukkig te zijn op de, in mijn ogen, mooiste plek op
aarde. Een Italiaans dorpsplein, ingeklemd tussen roze en wit
gestuukte muren, met boven mijn hoofd een knoeperd van
een maan en voor mij op tafel de heerlijkste cappuccino die er
bestaat, voor een bedrag waarmee je in Nederland niet eens
meer langs de toiletjuffrouw komt. De koffie is heet, bitter en
zoet, bedekt met een dikke laag melkschuim en afgemaakt met
een hartje van echte cacao, en het chocolaatje dat erbij gegeven
wordt is van het bitterste soort. Het is een eenvoudig terras
waar we zitten, met plastic tafels en stoelen, en binnen staat de
plaatselijke jeugd te tafelvoetballen en op virtuele herten te
schieten, ademloos gadegeslagen door mijn bruinverbrande
kinderen. Zij hebben de moeder aller ijsjes in hun hand: een
hoorntje met twee kuipjes en daarin drie bolletjes zuur, zoet,
roze en geel romig ijs en dit ijsje is nog niks vergeleken bij de
enorme *gelati* waarmee de Italiaanse kinderen over het plein
balanceren. Aan de bar ratelen de mannen in rap Italiaans, met
één oog kijkend naar Rai Uno, waarop een songfestival of
missverkiezing aan de gang is, dat weet je bij Rai Uno nooit en
het boeit de mannen ook niet bijster, ze kijken er meer achte-
loos naar, terwijl ze van alles naar elkaar roepen en zo nu en
dan in daverend, schor gelach uitbarsten. Mijn lief en ik weten

niet waar hun gesprek over gaat maar we genieten van elk woord, hun geklets klinkt als muziek, juist omdat we ze niet verstaan.

Midden op het plein, onder vier eeuwenoude platanen, zitten zes in zwarte jurken gehulde oude vrouwen op twee bankjes. Ze houden iedereen in de gaten. Hen ontgaat niets, zeker niet het vertrek van huis van een meisje op torenhoge hakken dat opgehaald wordt door een met schakelkettingen omhangen jongen. Hoe ze haar blote armen om zijn middel slaat en elegant een prachtig bruin been over de knetterende scooter zwaait, en hoe ze vervolgens samen wegrijden terwijl zij nog koninklijk wuift richting de dametjes en bevallig met haar lange zwarte haren schudt. Pas wanneer het stel vertrokken is ontbranden ze in hevig gekwebbel, totdat hun aandacht wordt gevangen door een klein meisje dat tussen de voetballende jongetjes met een baby rondzeult. 'Gabriella!' wordt er geroepen en ze wenken alle zes, waarop de kleuter naar hen toe dribbelt en de baby op de schoot van een van hen dropt. Alle zes buigen ze zich over het kindje heen als ware het een wereldwonder, en ze kirren dat ze zo mooi en lief is. Wat een heerlijke, kleine wereld, hier op het Italiaanse dorpsplein, waar plaats is voor oude en jonge mensen, voor voetballende jongens, fietsende kleuters, bedelende honden en scheldende moeders, waar de *carabinieri* lachend uit hun autoraampjes hangen voor een kletspraatje met de groenteman en waar niks lelijks te bekennen is, of het moeten de slenterende toeristen zijn met hun geldbuidel bungelend onder hun bierbuik. Hier worden geen historische panden verkracht, hier ergert niemand zich aan speelse kinderen en trage bejaarden.

Ik denk aan een plein in Nederland, waar ik was vlak voordat ik naar Italië vertrok. Aan de muren volgeplakt met posters waarop een dikke harige blote mannenkont stond afgebeeld, de geparkeerde auto's, het verkeer dat gejaagd over het plein jakkerde, moeders met wiebelig fietsende kinderen tegen wie getoeterd werd, de stank van de plaatselijke snackbar, de rekken vol afgeprijsde schoenen, de ergernis van driftig benende shopsters, het afschuwelijke geblèr dat uit de kledingwinkels vol legerbroeken knalde, de melkbak die door moest gaan voor cappuccino en die me twee euro kostte, en al het zwerfvuil dat rond waaide.

Ik word oud, dat ik me over dit soort dingen opwind, denk ik en ik kijk naar mijn kinderen die hun blonde haren gelaten laten bewonderen door een mollige Italiaanse. Maar mag ik dan alsjeblieft hier oud worden, op dit pleintje, onder die platanen, kijkend naar de spelende kinderen? En zo niet, mag ik dan eisen dat elk dorp en elke stad in Nederland zijn verkeersvrije plein weer terugkrijgt, compleet met dorpspomp, bankjes en eeuwenoude eiken en vooral zonder auto's?

DE VERKEERDE KANT VAN DERTIG

Nog even. Nog even en ik word vijfendertig. Ik ben nog maar net gewend aan het idee dat ik de dertig ben gepasseerd en hup, ik overschrijd alweer een magische grens: die tussen de goede kant van dertig en de verkeerde. Althans, volgens een vriendin die het kan weten.

De verkeerde kant van de dertig. Het aftakelingsproces is nu definitief ingezet. Niet alleen van buiten, daar kan ik me nog wel bij neerleggen en zo niet, dan is er altijd nog dokter Schumacher die de tikkende klok een paar jaartjes stilzet. Maar al zet je die klok stil, het verstrijken van de tijd gaat door. En die tijd die me nog rest, begint te slinken. Misschien ben ik wel op de helft van mijn leven. In elk geval, de beste helft ervan zit er nu op. De helft van jong, veelbelovend, aanstormend en de wereld aan de voeten.

Het besef dat mijn leven eindig is, evenals het leven van alle mensen van wie ik hou, dat ik nog vele malen afscheid zal moeten nemen van dierbaren, dat doet zijn intrede aan de verkeerde kant van de dertig. Wanneer je je realiseert dat je niet onsterfelijk bent, ben je niet meer jong. En dat is zo heerlijk van jong zijn; niet het strakke uiterlijk, niet de tomeloze energie, maar de zorgeloosheid waarmee je je in het leven stort. Leven zonder angst. Alles absorberen en uitproberen zonder boodschap aan Postbus 51-spotjes.

Mijn horizon komt steeds dichterbij en boezemt me steeds meer angst in. Wat staat mij te wachten? In het beste geval een rustige oude dag, waarschijnlijk voor een groot deel alleen, want mannen gaan nu eenmaal eerder dood. Hou ouder ik word, hoe onzichtbaarder, want aan oude mensen heeft onze samenleving een hekel, al zijn ze nog met zo velen. Al ben je nog zo rijk van geest, heb je nog zoveel betekend en zit je boordevol prachtige levensverhalen, op het moment dat je haren witgrijs worden en je knieën stram, spreekt men je aan alsof je een kleuter bent. Alles wat je in je leven hebt neergezet, wordt vergeten, de getuigen ervan verdwijnen één voor één en op een gegeven moment ben je alleen nog maar die eigenwijze moeder, waar ze iets mee moeten met de feestdagen. Tenminste, als je kinderen hebt. Godzijdank heb ik die. Maar ook zij worden ouder. Aan hen zie ik hoe snel de tijd verstrijkt. Mijn zoon is negen en komt al bijna tot mijn kin. Ik pas zijn truien. Hij rijst en ik krimp. Hij vindt het belachelijk dat ik hoge hakken en een sexy jurkje aandoe op de avond van mijn vijfendertigste verjaardag. Je hebt toch al een man, zegt hij. Hoe leg ik hem uit dat het daar niet om gaat? Dat ik met de sexy jurk en de stilettohakken de boze geesten op afstand probeer te houden? Dat ik wel oud wil worden, maar niet wil zijn?

'Hoe wil je dan dat ik eruitzie?' vraag ik hem.

'Gewoon, als een moeder,' antwoordt hij.

Ik aai hem over zijn krullen en dans met hem door de kamer. 'Wen er maar aan jongen, jouw moeder is een rare. Ze zal altijd blijven dansen.'

'Zelfs als je een oma bent?'

'Ook als ik oma ben.'

'Dan word jij een hele rare oma,' lacht hij en hij klampt zich aan me vast als een aapje.

'Daar kun je op rekenen. Ik word een gek oud mens!'
'Nou, dát ben je al,' zegt hij.

INHOUD